JEAN RICHEPIN

LE CHEMINEAU

DRAME EN CINQ ACTES

EN VERS

Représenté pour la première fois au théâtre de l'Odéon
le 16 février 1897

PARIS
LIBRAIRIE CHARPENTIER ET FASQUELLE
EUGÈNE FASQUELLE, ÉDITEUR
11, RUE DE GRENELLE, 11
1897

LE CHEMINEAU

PARIS

L.-IMPRIMERIES RÉUNIES

2, rue Mignon.

A

MON VIEIL AMI

LOUIS

DECORI

AU BRAVE ET

SÛR

COMPAGNON

DE MA

PREMIÈRE BATAILLE

DRAMATIQUE

JE DÉDIE CE

DRAME

J. R.

PERSONNAGES

LE CHEMINEAU........................	MM. DECORI.
FRANÇOIS............................	CHELLES.
MAITRE PIERRE.......................	JANVIER.
TOINET..............................	DORIVAL.
THOMAS..............................	GARBAGNI.
MARTIN..............................	PRINCE.
TOINETTE............................	Mmes SEGOND-WEBER.
CATHERINE...........................	ARCHAINBAUD.
ALINE...............................	Mlle MEURIS.

TROIS PETITS MENDIANTS. — DEUX MOISSONNEURS.

La scène se passe de nos jours, aux champs, entre la Bourgogne et l'Ile-de-France.

LE CHEMINEAU

ACTE PREMIER

Une clairière à l'orée d'un bois.

A droite, au premier plan, un talus couronné d'une haie; au pied du talus, un feu de campagne, en pierres sèches; sur ce feu, une marmite; auprès du feu, une grosse pierre moussue pouvant servir de siège.

A droite, au deuxième plan, quelques arbustes, à l'ombre desquels s'étend un tapis d'herbe formant lit naturel.

A gauche, au premier plan, un gros tronc d'arbre renversé; au deuxième plan, un grand chêne dont les branches ombragent la clairière.

Au fond, à plusieurs plans jusqu'à l'horizon, champs de blés, les uns debout, les autres coupés et en moyes.

A l'horizon, coteaux plantés de vignes, et un village à tuiles rouges avec un clocher bourguignon.

Ciel bleu incendié de soleil. Le plus chaud du jour au temps de la moisson.

Le rideau ne se lève qu'au milieu du second couplet. On voit **Toinette** occupée à soigner la soupe et à préparer les écuelles. On devine à gauche les moissonneurs dont le travail est rythmé par la chanson du chemineau.

SCÈNE PREMIÈRE

LE CHEMINEAU à la cantonade, TOINETTE en scène.

LE CHEMINEAU

La Jeannett' s'en va-t-aux champs.
Coupe un' javell', coupe en marchant!
Un beau monsieur par là s'amène;
Lui dit : « J'voudrais ton étrenne. »
Coup' toujours et coupe encor!
Chaqu' javell' f'ra son tas d'or.

La Jeannett' dit au monsieur :
Coup' un' javelle et coup's-en deux!
« Quand mêm' tu s'rais l'filleux d'la reine,
Tu n'auras pas mon étrenne. »
Coupe encore et coup' toujours!
Chaqu' javelle aura son tour.

L'beau monsieur dit : « J'suis le roi! »
Coup' deux javell' et coup's-en trois!
« Pour dev'nir rich', pour dev'nir reine,
« Gna qu'à m'donner ton étrenne. »
Coup' toujours et coupe encor!
Chaqu' javell' f'ra son tas d'or.

TOINETTE

Ils ont le ventre creux, sûr, et la gorge rêche.
Tant mieux! La soupe est chaude, et la piquette est fraîche.

LE CHEMINEAU

La Jeannett' dit : « Va donc t'battre... »
Coup' trois javell' et coup's-en quatre!
« Avé l'grand gas qu'a r'tint la graine
« D'mon romarin pour étrenne. »
Coupe encore et coup' toujours!
Chaqu' javelle aura son tour.

TOINETTE

Ce chemineau, comme il chante bien, tout de même!

LE CHEMINEAU

L'grand gas cogne et le roi trinque.
Coup' quat' javell' et coup's-en cinq!
Viv' la Jeannett' qui n'fut pas reine
Et moi qu'ai-z-eu son étrenne!
Coup' toujours et coupe encor!
Chaq' javell' f'ra son tas d'or.

TOINETTE

Joyeux ! Vaillant ! Est-il Dieu possible qu'il m'aime?

LE CHEMINEAU

Cinq javell', c'est l'moitié d'dix.
Coup' cinq javell' et coup' s-en six !
En v'là-z-une aut' demi-douzaine !
Et r'commençons la prochaine !
Coupe encore et coup' toujours !
Chaqu' javelle aura son tour.

SCÈNE II

LES MÊMES, FRANÇOIS, THOMAS, MARTIN

(On a vu venir par le fond François, Thomas et Martin, pendant le dernier couplet.)

LE CHEMINEAU, d'une voix plus lointaine.

La Jeannett' s'en va-t-aux champs.
Coupe un' javell', coupe en marchant !
Un beau monsieur par là s'amène;
Lui dit : « J'voudrais ton étrenne. »
Coup' toujours et coupe encor !
Chaqu' javell' f'ra son tas d'or.

FRANÇOIS, parlant pendant que la chanson continue de plus en plus lointaine.

Ma foi ! j'en ai mon sac, moi, je le dis sans honte.

THOMAS

Moi, pareillement, donc !

MARTIN, se laissant tomber assis sous l'arbuste de droite.

Et moi, plus que mon compte.

FRANÇOIS, regardant vers le fond.

S'ils veulent tout finir avant la soupe !... Enfin,
C'est leur affaire. Nous, bernique ! On a trop faim.

THOMAS et MARTIN

Oh ! oui.

(Thomas s'est assis près de Martin.)

TOINETTTE, leur apportant la soupe et les écuelles.

Tenez ! Elle est épaisse et bien trempée.

THOMAS

Donne un peu le barlet d'abord.

(Toinette le lui apporte.)

Une lampée
De piquette, on n'en a que plus d'âme au manger.

(Il boit à même.)

MARTIN

Après toi, s'il en reste, hein! sans te déranger.

THOMAS

Houm ! que c'est frais!

(Il lui tend le barlet.)

Ça fait du bien par où ça passe.

MARTIN, qui a bu pendant ce temps.

Tu l'as dit.

FRANÇOIS, qui mange sa soupe, assis sur le tronc d'arbre à gauche.

Crâne soupe, ah ! fin Dieu !

TOINETTE

Pas trop grasse ?

FRANÇOIS

Fichtre, non ! Jamais trop. Plus c'est gras, plus c'est bon.

THOMAS

Une bigne de pain et deux dés de jambon
Par là-dessus...

MARTIN

Et par-dessus le tout, un somme,
Voilà !

THOMAS, sur un geste de Toinette.

Dame, on n'est pas une bête de somme.

MARTIN

Sûr.

TOINETTE

C'est donc bien pénible aujourd'hui ?

THOMAS

Je te crois !
Avec ce soleil-là qui flambe comme trois.

MARTIN

Et ce mâtin de blé, dur et dru comme quatre.

FRANÇOIS, tourné vers le fond.

Et puis ce chemineau surtout, sans cesse à battre
Sa diable de mesure à son sacré refrain !
Pas moyen de souffler ! Il vous mène d'un train !
Et je coupe ! Et je coupe !

TOINETTE

Un rude homme à l'ouvrage !

FRANÇOIS

Bouh ! Des mois sans rien faire, et soudain une rage
De travail ! Ça s'y met, par an, quinze ou vingt jours.
On va moins raide quand il faut aller toujours.

(Thomas et Martin se couchent l'un après l'autre en continuant à manger et boire de temps en temps.)

TOINETTE

M'est avis qu'il irait, s'il voulait, comme un autre.

FRANÇOIS

Mais vouloir, tout est là.

TOINETTE

Chacun son goût. Le nôtre
Est de vivre au pays, de s'y faire un lopin.
Le sien, c'est d'être libre.

FRANÇOIS

En mendiant son pain.

TOINETTE

Il le gagne souvent, et bien, quand il moissonne.

FRANÇOIS, *se levant et allant à elle.*

Prends garde! Un chemineau ne s'attache à personne,
Toinette, et tu m'as l'air de t'attacher à lui.

TOINETTE

Moi! Comment cela?

FRANÇOIS

Mais, tu le défends.

TOINETTE

Dame, oui;
Tu l'attaques.

FRANÇOIS

Prends garde, encore un coup, la fille!
Ces gens-là ne sont point de la greffe à famille.
Et crois-en mon conseil, je vois ce que je vois,
Tu vas te laisser prendre à la glu de sa voix.

(Thomas et Martin se sont tout à fait endormis.)

LE CHEMINEAU, *à voix très lointaine.*

Viv' la Jeannett' qui n'fut pas reine,
Et moi qu'ai-z-eu son étrenne!
Coup' toujours et coupe encor!
Chaqu' javell' f'ra son tas d'or.

FRANÇOIS

Tiens! Écoute! On dirait qu'il entend ma pensée
Et qu'il y répond... Hein! La chose est commencée?
Avoue. Il t'a déjà parlé plus qu'à demi.

TOINETTE

Mais, François...

FRANÇOIS

Mais François n'est-il plus ton ami?
Ah! tu n'as pas raison, va, ma pauvre Toinette!
Si tu savais!...

TOINETTE

Je sais, François, je sais. Honnête,
Fort travailleur, ayant de l'argent de côté,
Premier valet de ferme et par tous respecté,
Plus d'une, pour t'avoir comme époux, te câline.
Moi, je suis une enfant du hasard, orpheline,
Qui, sans la charité de voisins bonnes gens,
Aurait tendu la main avec les indigents.
Mes gages de servante à la vie incertaine,
Quelque linge, un manteau, deux cottes de futaine,
Et pas même de nom, voilà tout ce que j'ai.
Et cependant François, le brave homme, a songé
A ce peu que je suis...

FRANÇOIS

Pour me mettre en ménage,

Oui donc.

TOINETTE

Eh bien!...

FRANÇOIS

Eh bien?

TOINETTE

Je ne peux pas.

FRANÇOIS

Mon âge,

Sans doute ?

TOINETTE

Oh! non! François, non, vrai, ce n'est pas ça.

FRANÇOIS

Alors?

TOINETTE

Rien.

FRANÇOIS

Si, j'entends. Lui! Parce qu'il passa,
Et qu'il t'aura paru faraud et joyeux drille,
Avec sa voix qui flûte et son regard qui brille,
C'est de quoi m'en vouloir, dis? C'est ça, tes raisons?
Réfléchis.

TOINETTE

Si pourtant je l'aimais, supposons!

FRANÇOIS

Et puis?

TOINETTE

Quoi! T'épouser, l'aimant! Toi que j'estime!

FRANÇOIS

Bah! Laisse donc! Quand tu seras ma légitime,
Tu ne penseras plus au coureur de chemin
Qui t'a conté fleurette hier et part demain
Pour s'en aller ailleurs quérir amour nouvelle,
Comme il passe en chantant de javelle en javelle.

LE CHEMINEAU, *à la cantonade.*

Coupe encore et coup' toujours
Chaqu' javelle aura son tour.

FRANÇOIS

Écoute, écoute bien, et comprends, obstinée,
Comprends que son refrain te dit ta destinée
Et qu'on te fauchera comme le blé là-bas.

TOINETTE

Si tu m'aimes vraiment, ne me tourmente pas,
François! N'appelle point sur moi mauvais présage!
Merci de tes conseils..., de ton offre!... Être sage,
Oui, sans doute, il le faut, quoiqu'on ait dix-huit ans,
Et je...

(S'écartant et à part, avec douleur.)

Dieu! s'il savait qu'il n'est déjà plus temps!

FRANÇOIS

Tu dis?

TOINETTE, *très troublée.*

Je me disais... des choses... que je pense...

SCÈNE III

LES MÊMES, LE CHEMINEAU, DEUX MOISSONNEURS

(Le chemineau et les deux moissonneurs entrent par le fond ; à la voix du chemineau, François est allé se rasseoir sur le tronc d'arbre et s'est remis à manger sa soupe.)

LE CHEMINEAU

Eh bien ! les gas, on s'est un peu garni la panse,
Je vois, et dessalé le bec sans les amis !
Ah ! bougres de faiseux de lard ! Deux endormis,
Tenez, et l'autre vieux qui s'emplit la bousille,
Pendant qu'à leur donner du cœur on s'égosille,
Et qu'on a les cheveux collés sous le chapeau,
Et qu'on se met pour eux du soleil plein la peau !

FRANÇOIS

Sois tranquille, il en reste encor, de la potée.

(Toinette donne deux écuelles aux deux moissonneurs qui viennent d'arriver.)

LE CHEMINEAU

Mais, j'espère. Et de la piquette ?

THOMAS, qui s'est réveillé à la voix sonore du chemineau et qui tient encore le barlet dans ses bras, s'étant endormi en cette posture.

On l'a goûtée
Seulement.

LE CHEMINEAU

Si c'est toi, ça doit être beaucoup,
Et je vois à ton nez, fiston, qu'elle a bon goût.

TOINETTE, apportant un second barlet.

Voici l'autre barlet, mis au frais dans la terre.

THOMAS

Fichtre ! on le soigne, lui !

TOINETTE, *regardant le chemineau boire avidement.*

Dame ! ça vous altère
De chanter comme il fait, sans repos, tout le temps.

LE CHEMINEAU, *coupant ses paroles de longues lampées.*

Non, pas trop. Bah ! je chante ainsi depuis trente ans,
Depuis toujours. Quand j'ai fini, je recommence.
Ça ne me lasse pas : j'en ai l'accoutumance.
Ça ne me lasse pas : c'est comme les oiseaux.

(Il passe le barlet à François.)

FRANÇOIS, *secouant le barlet.*

N'empêche ! Quand tu tiens un barlet, nom des os,
Tu ne lui laisses pas grand'chose dans le ventre,
Et tu n'en donnes pas ta part aux chiens !

LE CHEMINEAU

Non, diantre !
C'est agréable. Ça sent clair. Ça coule frais.
Et tu verrais un peu ce que j'en laisserais,
Pas la goutte de la goutte d'une liquette,
Si c'était du vin pur au lieu de ta piquette.
Et je n'en boirais pas de la sorte, benêt,
Comme toi, par soif, non, mais bien parce qu'on est,
Tout gueux qu'on est, bon drôle, et fine gueule, et digne
De humer l'air de France où croît la sainte vigne.

FRANÇOIS

Fine gueule ! oui, chez nous, ça se dit propre à rien,
Pilier d'auberge.

LE CHEMINEAU

Soit ! Bon pour un coup de chien,

Tout de même, eh ! mon vieux, et c'est ce qui te fâche.
Ce propre à rien t'a fait renâcler à la tâche.

FRANÇOIS

Oh ! pas plus là qu'ailleurs on ne te craint.

LE CHEMINEAU

Savoir !

FRANÇOIS, *debout, avec un geste de menace.*

Hein ? Je te montrerai, moi...

LE CHEMINEAU

Montre voir, pour voir.

TOINETTE, *se mettant entre eux, puis faisant peu à peu reculer le chemineau.*

Ne vous chamaillez pas, allons !... François, de grâce !
Et toi !... Si tu mangeais ta soupe ! Elle est bien grasse,
Et chaude, et c'est moi qui l'ai faite, chemineau.

LE CHEMINEAU, *prenant l'écuelle.*

Bon ! Mais qu'il ne soit pas non plus comme un cerneau,
Lui ! Quel fiel ! C'est vrai, ça ; je ris, moi, je babille ;
Et le voilà, la hure en piochon, l'œil en bille,
Qui piétine sur moi pis que sur du fumier.
Tu sors donc de ton lit le derrière en premier ?

LES MOISSONNEURS, *s'esclaffant.*

Ah ! ah !

TOINETTE, *au chemineau.*

Ne dis plus rien, chemineau, je t'en prie.
Tais-toi. Ça va finir par une batterie.

LE CHEMINEAU

Et puis ? La belle affaire ! Un ou deux coups de poing...

TOINETTE, à François.

Sois raisonnable, toi, François; ne réponds point.
Pour des bêtises!

FRANÇOIS

Mais, fin Dieu, peut-on permettre
Qu'à moi, premier valet, tenant place du maître...

THOMAS

Chut! Le voici qui vient, notre maître, là-bas.

LE CHEMINEAU, assis sur la pierre moussue de droite, pour manger sa soupe.

Notre maître? Pardon! Le vôtre. Le mien, pas.
Je suis à la journée : on se prend; on se quitte;
Je donne ma sueur; lui, ses sous; on est quitte.
C'est un prêté contre un rendu qu'on remboursa.
On ne s'appartient pas l'un à l'autre pour ça.

SCÈNE IV

LES MÊMES, MAITRE PIERRE

MAITRE PIERRE

Alors, quoi! C'est dimanche aujourd'hui, sans-courage?

FRANÇOIS

Non, notre maître; on va se remettre à l'ouvrage.
Tout l'avant-dernier champ est fait. On s'est repu...

MAITRE PIERRE

Et rafraîchi surtout. Fichtre!

LE CHEMINEAU

Autant qu'on a pu.

MAITRE PIERRE

Oh ! sans reproche, va, bon chemineau.

LE CHEMINEAU

Je pense.
Ta piquette n'est pas d'une grosse dépense.

MAITRE PIERRE

Ma piquette? Mais c'est du vin presque.

LE CHEMINEAU

Un peu clair.

MAITRE PIERRE

Il monte au nez quand même.

LE CHEMINEAU, goguenard.

Ah !

MAITRE PIERRE

Dame ! Il m'en a l'air.
Je vous voyais, François et toi, faire des gestes.
Vous vous disputiez, hein ?

LE CHEMINEAU

Oh ! des zistes, des zestes,
Rien ! Il suffit d'un mot qu'on se dit, mal luné ;
Mais on n'y songe plus, un coup le dos tourné.
(A François.)
Pas vrai ?

FRANÇOIS

Je n'ai tourné le dos devant personne,
Moi. Je n'ai peur...

LE CHEMINEAU

Bêta ! Qui diable te soupçonne
D'avoir peur ? Pas moi, donc! Le chef près du bonnet,
Tous deux ; mais ce qu'on vaut l'un l'autre, on le connaît.
Moi, le cœur aussi bon que la langue est soudaine,
Et sans rancune.

(Lui tendant la main.)

Tiens! Touche là.

FRANÇOIS

Pas la peine,
Merci.

LE CHEMINEAU

Tu fais Jean-Jean qui boude ! A ton loisir !

FRANÇOIS

Ho ! la faucille au poing, les gas, et sans moisir!
Il faut tout mettre à terre avant ce soir. En route !
A nous cinq...

LE CHEMINEAU, pendant qu'ils sortent.

A nous six, eh! J'achève ma croûte,
Je me fleuris les yeux près de Toinette un brin,
Et je rejoins. N'ayez crainte! Avec mon refrain.
Car sans lui, vous savez, mes gros, la moisson chôme,
Et vous ne seriez bons qu'à ronfler dans le chaume.

SCÈNE V

LE CHEMINEAU, MAITRE PIERRE, TOINETTE

MAITRE PIERRE

Toujours à te gausser du monde, hein ! nez friand !

TOINETTE

Il dit la vérité, tout de même, en riant,
Notre maître.

MAITRE PIERRE

Ma foi, j'en conviens. La besogne
Marche mieux et nos gas ont plus d'âme à la pogne
Avec toi pour mener le branle à ton couplet.
Ah ! tu travailles bien, dame !

LE CHEMINEAU

Oui, quand ça me plaît.

MAITRE PIERRE

Puis, à la ferme, tu connais tout le service :
Les chevaux, le bétail.

LE CHEMINEAU

On n'est pas un novice.

MAITRE PIERRE

Ce n'est pas ton métier, pourtant.

LE CHEMINEAU

On est subtil.

MAITRE PIERRE

Sans doute ; mais...

LE CHEMINEAU

D'ailleurs, mon métier, quel est-il ?
Je n'en ai point. J'en ai des tas. Il faut bien vivre.
Où je les apprends ? Ah ! voilà ! Pas dans un livre,
Sûr ; mais de tel ou tel, au hasard de mes pas.

Comme mes chansons : l'une ici, l'autre là-bas.
Et je loge à la fois, des fois, dans ma cervelle
Et le nouveau métier et la chanson nouvelle,
Tant qu'à la fin des fins le routier des routiers
Aura su tous les airs et fait tous les métiers.

TOINETTE, *avec admiration.*

Hein ! Notre maître !...

MAITRE PIERRE

Oui donc, c'est une forte tête.

LE CHEMINEAU

Quand on est pauvre, on n'a pas le droit d'être bête.

TOINETTE, *étouffant un éclat de rire.*

Oh !

MAITRE PIERRE, *montrant les écuelles et les barlets.*

Eh bien ! toi, la fille, et ça ? C'est pour demain ?
Qu'est-ce que tu fais là, le museau dans ta main ?

TOINETTE

J'attends qu'il finisse.

MAITRE PIERRE

Ouette ! A te sucer le pouce.
En attendant, va voir plus loin si l'herbe pousse.
C'est à lui que je parle, et je n'ai pas besoin
Que tu m'écoutes.

TOINETTE

Bien. Je m'en vais.

LE CHEMINEAU, *pendant qu'elle s'éloigne.*

Pas trop loin,

Eh! Toinette, et reviens me trouver tout à l'heure.
Quand c'est toi qui me sers, sa piquette est meilleure.

(Sort Toinette par la droite.)

SCÈNE VI

LES MÊMES, moins TOINETTE.

MAITRE PIERRE

Dis-moi, mon grand taur blanc, que nos plus fins taupiers
Jugeaient perdu, comment l'as-tu remis sur pieds?

LE CHEMINEAU

Eh! eh!

MAITRE PIERRE

Et ces brebis qui n'avaient plus de laine,
Avec quoi leur as-tu rendu la toison pleine?

LE CHEMINEAU

Oh! ça!

MAITRE PIERRE

Tu dois avoir ainsi plus d'un secret?

LE CHEMINEAU

On le dit.

MAITRE PIERRE

De... sorcier, hein?

LE CHEMINEAU

Comme qui dirait.

MAITRE PIERRE

Et ça se trouve où donc?

LE CHEMINEAU

La nuit, quand on randonne
Chez des Boumians.

MAITRE PIERRE

Et ça se vend?

LE CHEMINEAU

Non. Ça se donne.

MAITRE PIERRE

A qui?

LE CHEMINEAU

Dame, à ceux-là qui se font vos amis.

MAITRE PIERRE

Écoute, chemineau. Chez nous je t'ai promis,
Comme chef de moisson, trois francs à la journée,
Plus trois petits écus la moisson terminée.
C'est soixante-neuf francs que je te dois tout ronds.
En voilà cent.

LE CHEMINEAU

Cent!... Bigre!

MAITRE PIERRE

Et nous nous entendrons
Pour cinq fois ça, tu m'as compris, cinq cents francs ferme,
Si tu veux devenir mon premier gas de ferme.

LE CHEMINEAU

Tu l'as, ton premier gas. François! Bon ouvrier,
Brave homme!

MAITRE PIERRE

Lui, brave homme! Il va se marier
Un de ces jours.

LE CHEMINEAU

Eh bien?

MAITRE PIERRE

Laisse, que je te conte:
Se marier, je dis, pour se mettre à son compte!
Bref, quoi! Me planter là! Hein! L'est-il, en dessous!
C'est leur lubie à tous, dès qu'ils ont quatre sous.
Un bas de laine, un bout de mauvais sol en friches,
Et ça se voit déjà chez soi, comme les riches.

LE CHEMINEAU

Pourquoi pas?

MAITRE PIERRE

Soit! Le point, qu'il ait tort ou raison,
C'est qu'il ne fera pas vieux os dans ma maison
Et qu'à l'y remplacer tout chaud, moi, je t'invite,
Et que tu réponds oui, là, tope!

LE CHEMINEAU, qui est en train de bourrer sa pipe.

Oh! pas si vite!

MAITRE PIERRE

Quoi! mes conditions ne te plaisent point?

LE CHEMINEAU

Si.
Mais les miennes, je crois, te plairont moins.

MAITRE PIERRE

Vas-y,

Explique-les.

LE CHEMINEAU, passant à droite pour s'asseoir près du feu et y allumer sa pipe.

Attends que j'allume ma pipe.
Là! Maintenant, voici. J'ai pour premier principe
De m'aller promener, libre, le nez au vent,
Quand il m'en prend envie; et ça me prend souvent.
J'ai pour second principe, et n'en veux pas démordre,
D'envoyer promener quand on me donne un ordre.
Autrement dit, je suis un mauvais garnement,
Roulant en vagabond la grand'route, et l'aimant,
Travaillant pour manger, tout juste, et qui préfère,
Quand c'est son goût, ne rien manger, mais ne rien faire.
Si tu veux m'accepter tel quel, marché conclu!

MAITRE PIERRE

Tu n'es pas sérieux.

LE CHEMINEAU, lui donnant une bourrade en riant.

L'es-tu, l'hustuberlu?

MAITRE PIERRE

Tu réfléchiras.

LE CHEMINEAU

Bon, c'est tout réfléchi.

MAITRE PIERRE

Pense...

LE CHEMINEAU

Je pense que j'ai là de quoi m'emplir la panse
Et me rincer la goule avec de gais lurons.

Quand j'aurai tout fini, tout, nous recauserons.
Pour le moment, bernique! Et fais-nous place nette.
J'ai des choses à dire à Toinette.

(Appelant du côté par où Toinette est sortie.)

Eh! Toinette!

MAITRE PIERRE, à part.

S'il pouvait en tenir pour elle, il resterait.
Ma foi! Laissons-les seuls. La fille a de l'attrait.
(Haut.)
Au revoir! Souviens-toi de l'offre qu'on t'a faite.
Tiens! Pour y ruminer à l'aise, et même en fête,
On fauchera sans toi les derniers blés debout.
Je te donne congé tout le jour jusqu'au bout.

LE CHEMINEAU

Merci donc! Ce n'est pas de refus.

(Même jeu que plus haut.)

Eh! Toinette.

(Il sort en la cherchant.)

SCÈNE VII

MAITRE PIERRE, seul.

Pour être fort maligne, elle est un brin jeunette.
(S'en allant, puis revenant un peu.)
Bah! qui sait? Quand on met chair fraîche au traquenard,
Un chien nigaud suffit pour prendre un fin renard.

(Il sort par la gauche.)

SCÈNE VIII

LE CHEMINEAU, puis TOINETTE

(Pendant que maître Pierre sortait, le chemineau est rentré, cherchant Toinette des yeux dans le taillis à droite.)

LE CHEMINEAU, parlant vers le côté par où va entrer Toinette.

Et puis, Toinette, as-tu bien vu si l'herbe pousse?

TOINETTE

Le maître n'est plus là?

LE CHEMINEAU, l'entraînant vers le tronc d'arbre de gauche.

Non, mon cœur, non, ma douce.
Nous sommes seuls, fin seuls, et libres jusqu'au soir.
On peut se mignotter à l'aise. Viens t'asseoir,
Près, tout près, que ma joie en la tienne fleurisse.

TOINETTE

Non, pas dans cet instant, chemineau.

LE CHEMINEAU

Quel caprice!
C'est l'instant le meilleur que nous aurons jamais.
Tu m'as fait de tes mains la soupe que j'aimais;
J'ai bu frais comme un roi; ma Toinette est jolie
Comme une reine; on a tout le cœur en folie;
J'ai cent francs; tiens, regarde; on est deux amoureux;
Et tu trouves l'instant mauvais pour être heureux!

TOINETTE

Je ne dis pas.

LE CHEMINEAU

Alors, aimons-nous!

TOINETTE, *s'arrachant de lui, se levant et s'écartant.*

Non, sois brave.
Laisse-moi te parler d'une chose plus grave.

LE CHEMINEAU

Mais, Toinette, rien n'est plus grave, en vérité,
Qu'un pauvre mendiant quêtant la charité.
C'est ça que je demande et tu restes farouche.
Pourquoi me refuser l'aumône de ta bouche?
Tu me voles mon bien, et c'est le bien des gueux,
Le seul qu'ils ont partout et toujours avec eux.
Ah! plutôt, donne-m'en double part, si tu m'aimes.
Et, gueux, je fais envie aux plus riches eux-mêmes.
Car, si beaux fruits qu'ils aient à leurs plus chers repas,
De plus beaux que les miens, plus chers, ils n'en ont pas,
Quand je mords, sans que ton doux nenni m'en empêche,
Ta bouche au frais baiser fondant comme une pêche.

(Il l'étreint et la baise longuement sur la bouche.)

TOINETTE, *encore à demi pâmée, et se reprenant peu à peu.*

Ah! chemineau, tu sais, bien mieux que nos garçons,
Parler en mots jolis cueillis dans tes chansons.
Tu sais en cajoler, de voix câline et tendre,
Mon cœur qui s'apprivoise au miel de les entendre.
Comme par tes chansons, je me laisse griser
Par ces mots, qui toujours s'achèvent en baiser;

(Avec mélancolie.)

Mais, comme elles, le vent qui passe les emporte.

LE CHEMINEAU

Qui te l'a dit? Et quand ce serait vrai, qu'importe!
Si les mots sont jolis, si la chanson te plaît,
Laisse-t'en cajoler jusqu'au dernier couplet.

Profite du bon temps que le hasard t'amène.
C'est toujours ça de pris sur la misère humaine.
Prends-le, reconnaissante, et n'ouvre pas la main
Pour qu'aujourd'hui s'envole en songeant à demain.

TOINETTE, de plus en plus attristée.

Tu n'y songes jamais, toi !

LE CHEMINEAU

Jamais. Pourquoi faire?
Demain vient comme il veut. Bien ? Mal ? C'est son affaire.
Qu'il m'arrive en habit de deuil ou de gala,
Je n'y peux rien. J'attends, pour agir, qu'il soit là.
Alors, s'il est en noir et s'il a triste mine,
Aux plus clairs souvenirs d'hier je l'illumine,
Et, s'il est beau, joyeux, pareil à celui-ci,
Je ne m'occupe qu'à le fêter, sans souci
De tout ce qui me reste à vivre dans la dure,
Et je m'emplis le cœur de bon, tant que ça dure.

TOINETTE

Ça durerait toujours, si tu voulais.

LE CHEMINEAU

Comment ?

TOINETTE

Tu ne devines pas?

LE CHEMINEAU

Non.

TOINETTE, avec une ardeur persuasive.

Mais, en nous aimant
Demain comme aujourd'hui, pour toute l'existence.
On gagnerait à deux le gîte et la pitance.

Tes cent francs grossiraient, le maître t'engageant
A l'année. On mettrait de côté son argent.
Un beau jour on aurait à soi son bout de terre,
Son foyer.

LE CHEMINEAU, en un sourd éclat de rire.

Ah !

TOINETTE

Pourquoi ris-tu ?

LE CHEMINEAU, riant tout à fait.

Propriétaire,
Moi! Possesseur d'un champ ! Clos dans une maison !
Pourquoi pas me fourrer tout de suite en prison?
C'est ça, ta chose grave ?

TOINETTE

Oui.

LE CHEMINEAU

Mâtin ! Plus que grave.

TOINETTE, avec une expression désespérée.

Oh !

LE CHEMINEAU

Sûr. Prendre racine au sol, comme une rave,
Moi qui depuis trente ans ne reste nulle part...

TOINETTE

Et qui rêves déjà de ton prochain départ,
N'est-ce pas?

LE CHEMINEAU, détournant la tête.

Oh ! non...
(Toinette se met à sangloter tout bas.
Quoi ! Tu pleures ?

TOINETTE

Oui, je pleure.
Tu vas partir ! Qui sait? Peut-être tout à l'heure.

LE CHEMINEAU

Mais non, Toinette.

TOINETTE

Si. Je le lis dans tes yeux.
Voulant te retenir, j'ai parlé de mon mieux;
Et c'est ça justement, par peur d'être en servage,
Qui te remet au cœur ton humeur de sauvage.
Oh ! pardon ! J'avais tort de te parler ainsi.
Non, non, tu n'es pas fait pour demeurer ici,
Pas plus qu'ailleurs. Chacun doit suivre sa nature.
La tienne, c'est d'aller, fier, libre, à l'aventure.
Mais tu peux avec toi m'emmener par la main,
Et j'irai n'importe où, quel que soit le chemin,
Mon chemineau, mon tant aimé, mon bien, mon maître !

LE CHEMINEAU

Ah ! mignonne, accepter, ce serait te promettre,
Pour de rares moments bons, trop de mauvais pas,
Avec des nuits sans gîte et des jours sans repas,
Et le ventre qui crie et le cœur qui se serre.
Moi, mon cuir est tanné par ce vent de misère;
A toi, bouton de rose, il serait hasardeux.

TOINETTE

Non, mais brise d'avril, s'il souffle sur nous deux.

LE CHEMINEAU

Es tu gentille ! Quel regard soumis et tendre !
Et ces mots de bonté, qu'il fait bon les entendre !
Jamais on ne m'a dit des mots pareils, jamais.

TOINETTE

On ne te dira plus que ceux-là désormais.
Car tu m'emmènes ; oui, tu m'emmènes ! Regarde :
Je suis prête. Je n'ai besoin de rien.

(Elle a couru à droite faire un petit paquet de ses hardes.)

LE CHEMINEAU, à part, à mi-voix.

Prends garde,
Toi, chemineau. Voici tes pieds comme perclus.
Si tu ne pars pas seul, tu ne partiras plus.

TOINETTE

Que dis-tu loin de moi, tout bas?

LE CHEMINEAU

Oh! rien qui vaille,
Que si l'on m'a payé, c'est pour que je travaille,
Que je redois un bout de chanson aux amis,
Et que j'y vais.

TOINETTE

Mais tu m'emmènes, c'est promis.

LE CHEMINEAU

Oui.

TOINETTE

Quand?

LE CHEMINEAU

J'ignore.... Tiens! Mets donc dans ton corsage
Mes cent francs.

TOINETTE

Es-tu fou?

LE CHEMINEAU

Du tout, je deviens sage.
Ils n'auraient qu'à tomber de ma poche en fauchant.

TOINETTE

C'est vrai.

LE CHEMINEAU

Garde-les-moi jusqu'au retour du champ.

TOINETTE, rieuse.

Je te les rendrai, va, tu sais, je suis honnête.

LE CHEMINEAU, même jeu.

Pas sûr! Mais tant pis! J'ai confiance, Toinette.
Et pour ma peine, un bon baiser, hein! mes amours?

TOINETTE

Oh! tant que tu voudras, maintenant, et toujours!
(Ils s'embrassent longuement.)
(Regardant vers le côté par où maître Pierre est sorti.)
Voici le maître qui revient. Sauve-toi vite,
Paresseux!

LE CHEMINEAU

Je me sauve, oui, oui.
(A part en s'en allant.)
Pauvre petite!

SCÈNE IX

TOINETTE, seule.

Ce François, qui disait du mal de lui, pourtant!
Pilier d'auberge, et propre à rien, et tant, et tant!

Avec ce propre à rien, moi, j'irai tête haute,
Et j'ai fauté pour lui sans remords de ma faute.

SCÈNE X

TOINETTE, MAITRE PIERRE

MAITRE PIERRE, *entrant.*

Mâtin! Le chemineau te serrait de bien près!

TOINETTE, *très décidée.*

Eh! d'aussi près, ma foi, que moi je le serrais.

MAITRE PIERRE

Es-tu hardie!

TOINETTE

On en a le droit, ce me semble,
Quand on s'aime et qu'on s'est promis de vivre ensemble.

MAITRE PIERRE

Bah!

TOINETTE

Oui donc, notre maître. Et si ça vous déplaît,
Tant pis! Mais je vous dis la chose comme elle est.

MAITRE PIERRE

Si ça me déplaît! Non, fichtre! Au contraire. A preuve,
Écoute. Un conjungo veut une robe neuve;
Tu n'en as pas; eh bien, ne cherche pas plus loin;
Je t'en offre une, moi.

TOINETTE

Vous!

MAITRE PIERRE

Ton premier témoin.

TOINETTE

Pas possible!

MAITRE PIERRE

Si fait. En outre, tu rengages
Pour la Saint-Jean prochaine, avec de nouveaux gages;
Trois pistoles de plus; trente francs, nom d'un chien!

TOINETTE

Pourquoi vous moquez-vous de moi? Ce n'est pas bien.

MAITRE PIERRE

Je ne me moque point. Attends que je finisse.
Dame! A condition... Ne prends pas ton air nice
Et saisis bien... C'est à condition qu'ici,
Chez moi, ton chemineau reste et s'engage aussi.
Voilà!

TOINETTE

C'est mon vœu; mais, vous en faire promesse!...

MAITRE PIERRE

Alors, ta robe, tu n'y tiens pas pour la messe!

LE CHEMINEAU, à la cantonade.

Coup' toujours et coupe encor!
Chaqu' javell' f'ra son tas d'or!

MAITRE PIERRE

Entends, comme il fait bien dans mes blés, le bon drille!

TOINETTE

Oh! sûr!

MAITRE PIERRE

Toujours en train!

TOINETTE

Un vrai grillon qui grille!

MAITRE PIERRE, lui poussant le coude.

Eh! bête, ça se met en cage, les grillons.

SCÈNE XI

LES MÊMES, FRANÇOIS

FRANÇOIS, entrant brusquement.

Maître, le dernier chaume est à ras des sillons.
Tout est fini.

TOINETTE

Comment!

FRANÇOIS

Ça t'étonne, Toinette?
Tout, oui, tout, et sans l'autre, avec sa serinette.

TOINETTE

Quoi! Sans le chemineau!

FRANÇOIS

Sans lui.

TOINETTE

Va donc ! son chant,
Il le chantait encore tout à l'heure en fauchant.
(A maître Pierre.)
N'est-ce pas?

MAITRE PIERRE

Oui.

TOINETTE

Voilà qu'il recommence. Écoute.

LE CHEMINEAU, à la cantonade, d'une voix plus lointaine.

Coupe encore et coup' toujours !
Chaqu' javelle aura son tour.

FRANÇOIS

C'est qu'il a le cœur gai de se remettre en route.

TOINETTE

En route ! Que dis-tu ? Mais il ne s'en va pas.

FRANÇOIS, en désignant l'horizon à droite.

Non ? Et que fait-il donc, tiens, regarde, là-bas,
Au tournant du chemin quasi, près du vieux saule,
Avec sa trique au poing et son sac à l'épaule ?

TOINETTE, qui a regardé.

Ce n'est pas lui !...

MAITRE PIERRE, la main sur les yeux et regardant attentivement.

Pourtant !.. Mais, Toinette, c'est lui.

FRANÇOIS, avec un geste d'homme à qui l'on donne raison.

Ah!

TOINETTE

Lui! Pourquoi partir? Chanter?

MAITRE PIERRE

Il s'est enfui
Et chante pour te faire accroire qu'il moissonne.

TOINETTE

Ce n'est pas vrai.

MAITRE PIERRE

Bonsoir, l'épouseux! Plus personne!

TOINETTE, courant vers la droite et appelant.

Ah! chemineau!

FRANÇOIS, la retenant.

Tais-toi! Nos gas sont près d'ici.

(La retenant de plus en plus pendant qu'elle se débat pour se sauver.)

Tu ne vas pas courir après ce gueux?

TOINETTE

Mais si!
Je l'aime. Laisse-moi! Laisse que je m'en aille!

FRANÇOIS

Non.

MAITRE PIERRE

Laisse-la, François!

FRANÇOIS

Suivre cette canaille!
Non.

TOINETTE

Puisque je te dis que je l'aime, entends-tu?..

FRANÇOIS

Tant pis!

TOINETTE

Et que je suis sans honte et sans vertu...

FRANÇOIS

Ça m'est égal.

TOINETTE

Et pire encore qu'on ne suppose!
La sienne! As-tu compris enfin? Son bien! Sa chose!

FRANÇOIS

Ah! dis ce que tu veux pour m'emplir de chagrin :
Tu ne t'en iras pas avec ce malandrin.

TOINETTE, tombant accablée et sanglotante.

Mon Dieu!

MAITRE PIERRE

Lâche-la donc! Tu vois bien qu'elle est folle.
Est-ce qu'on les guérit, les fous?

FRANÇOIS, la serrant dans ses bras.

On les console.

LE CHEMINEAU, très loin, pendant que le rideau tombe.

Coup' toujours et coupe encor!
Chaqu' javell' f'ra son tas d'or!

(Rideau.)

ACTE DEUXIÈME

Un intérieur de paysan à la très humble aisance.

A droite, au premier plan, âtre large et profond dans lequel on peut s'asseoir Près de l'âtre, un grand fauteuil de malade où François est assis, face au public. A sa gauche, un petit meuble bas, servant à la fois de table et de siège.

A gauche, au premier plan, porte et lucarne donnant sur la cour. En scène, grande table carrée sur laquelle Toinette repasse du linge.

Au fond, à gauche, haute armoire-buffet; au milieu, porte donnant sur la campagne; à droite, large fenêtre à cintre écrasé, garnie de rideaux de cotonnade: plus à droite, presque dans le coin de la chambre, horloge à gaine.

SCÈNE PREMIÈRE

FRANÇOIS, TOINETTE

TOINETTE, *repassant et considérant François absorbé.*

Encor dans tes soucis, triste, la tête basse,
A ruminer ton mal! Le mal vient, le mal passe,
François.

FRANÇOIS

Voilà des jours, le brigand, et des jours
Qu'il est venu chez moi, femme; il y est toujours.

TOINETTE

Le médecin l'a dit : c'est de la patience
Qu'il faut.

FRANÇOIS

Les médecins y perdent leur science,
Va, quand un pauvre corps est usé jusqu'au bout.
Les jeunes gens, oui, vite à bas, vite debout!
La sève est là, le grand docteur. Mais à mon âge!
Soixante et dix ans! Lorsqu'on s'est mis en ménage

(Ça fera vingt-deux ans bientôt), j'avais pourtant
La cinquantaine presque, et j'étais résistant,
Solide encor, la mine et la poigne hardies,
Et je m'en moquais bien, alors, des maladies.
Mais à présent!

TOINETTE, allant vers l'âtre poser son fer à repasser.

Allons, tu parles, tu vas mieux.

FRANÇOIS

Non, non, le mal est là, toujours, au fond des yeux!
Dans la tête! Du plomb qui bout. Et de la cendre.
Et je sens ça le long des membres me descendre.
(Montrant son bras droit paralysé.)
Le bras raide, les doigts gourds, comme estropiés.
(Essayant en vain de se lever.)
Si je veux me mouvoir, le sol me colle aux pieds.
Ah! c'est fini. Je suis une bête fourbue.

TOINETTE, le recalant dans son fauteuil.

Voyons, François. Et ta tisane, tu l'as bue?

FRANÇOIS

Oui, oui.

TOINETTE

Tu n'as pas faim?

FRANÇOIS

Faim? Non.

TOINETTE

As-tu bien chaud?

FRANÇOIS

Oui!...

(Toinette retourne à la table, où elle plie son linge.)

Rester là, cloué, perclus, presque manchot,
Sans jambes, sans bouger, moi, si brave à l'ouvrage!

TOINETTE

Tu le fus trop.

FRANÇOIS

Jamais on n'a trop de courage,
Femme. On fait ce qu'on doit. On lutte. On se défend.
Il le fallait bien.

TOINETTE

Oui, pour élever l'enfant.

FRANÇOIS, pendant que Toinette range le linge dans l'armoire.

Notre Toinet! Cher gas! Je l'aime autant qu'il m'aime.
J'ai travaillé pour lui, sûr. Pour nous, tout de même;
Et puis pour mon orgueil par-dessus le marché.
Maître Pierre nous en voulait, qu'on l'eût lâché,
Et d'être, nous, sur mon lopin, propriétaires,
Oui, dame, comme lui sur cent arpents de terres.
Lui, le plus riche du pays, plus riche encor
Depuis qu'il est veuf, lui, gros monsieur cousu d'or,
Avec sa fille unique heureux homme, heureux père,
Que nous soyons heureux aussi, ça l'exaspère.
De l'en voir endêver, moi, ça me soutenait.

(En ricanant.)

Eh! eh! eh!

TOINETTE

Et ce fut bien pire quand Toinet,
Devenu grand, doubla ton labeur de sa tâche.

FRANÇOIS

Je te crois. C'en est un non plus qui n'est pas lâche
A la besogne et qui s'y donne à plein collier.
Et depuis qu'impotent je traîne le soulier,
Seul il mène tout, seul il nous tire d'affaire.

TOINETTE, revenant à lui.

Bon ! C'est son devoir. Toi, tu n'as plus rien à faire,
Rien qu'à te laisser vivre en paix, te reposant.
Tu nous as tant choyés ! On te choie à présent.

FRANÇOIS

Oui, mon tour qui revient, d'être un enfant débile.

TOINETTE

Mais pas bien sage !

FRANÇOIS

Moi !

TOINETTE

Tu te fais de la bile
Pour ton mal...

FRANÇOIS

Ce n'est pas pour mon mal seulement;
C'est aussi pour Toinet, da, que j'ai du tourment.

TOINETTE, avec un étonnement feint.

Pour lui !

FRANÇOIS

Tu n'en as pas, toi, peut-être ?

TOINETTE, même jeu, mais plus embarrassée.

Et la cause ?

FRANÇOIS

Je ne sais pas. Mais vous me cachez quelque chose,
Vous deux.

TOINETTE, même jeu.

Oh !

FRANÇOIS

Je le sens. J'ignore ce que c'est.
Mais la maison, jadis, son rire l'emplissait
Quand au retour des champs le gas ouvrait la porte.
Quand il rentre aujourd'hui, c'est du noir qu'il apporte.

TOINETTE

Il aura vu qu'un jour il t'avait fatigué,
Sans doute, et c'est depuis qu'il se montre moins gai
De peur que sa gaîté trop bruyante te gêne.

FRANÇOIS

Ta, ta, ta ! Je te dis, moi, qu'il a de la peine.

TOINETTE, rouvrant l'armoire et y rangeant à vide pour cacher son embarras.

Je t'assure que non, François, non !

FRANÇOIS

Oh ! que si !
Le gas a de la peine, et toi, sa mère, aussi.
Et de vous voir muets, le chagrin sur la mine,
Voilà qui plus que tout me désole et me mine.
Pour le garder si fort serré, votre secret,
C'est donc qu'il est bien grave et qu'il m'achèverait ?

TOINETTE

Quelle idée ! Es-tu fou ?

FRANÇOIS

Possible. Je me creuse
Tant la tête !

SCÈNE II

Les Mêmes, ALINE

ALINE, entrant brusquement et courant se jeter dans les bras de Toinette.

Ah ! mon Dieu ! Que je suis malheureuse,
Ma bonne Toinette !

FRANÇOIS, se soulevant, effaré.

Elle, ici !.. Mais parbleu ! oui,
Je perds le sens. La fille à maître Pierre ! A lui
Qui nous hait ! Vous, chez moi, mademoiselle Aline !
Et c'est ma femme qui dans ses bras vous câline !
Mais, Toinette, vas-tu m'expliquer ?...

TOINETTE

Oui, je vais...

ALINE

Oh ! pardon si pour vous mon père fut mauvais,
François ! Mais j'ai toujours agi, moi, d'autre sorte.

TOINETTE

Quand tu connaîtras...

FRANÇOIS

Non !

ALINE

Voulez-vous que je sorte ?
Je suis entrée un peu trop sans gêne, en effet.
Excusez.
(Faisant mine de sortir.)

TOINETTE

Non, restez. Apprends ce qu'elle a fait.

ALINE

Oh! plus que je ne dois, j'en ai peur. Car mon père
Est furieux depuis qu'il sait ce que j'espère.
Et je venais ici vous dire justement,
Toinette, qu'il sait tout.

FRANÇOIS

Tout quoi?

TOINETTE

Laisse!

(A Aline, en l'entraînant à gauche.)

Et comment?

ALINE

Ça, je l'ignore. Mais il sait. Et sa colère
Est effroyable. Lui qui fait tout pour me plaire,
Quand j'ai dit vouloir être à celui que j'aimais,
Il m'a presque battue en criant : « Non, jamais! »

FRANÇOIS

Ah çà! je dois rêver, pensant que je devine.
Vous n'aimez pas Toinet, vous?

ALINE

Si.

FRANÇOIS

Bonté divine!

TOINETTE

Tu le sais maintenant, le secret, et pourquoi
Nous étions sans parler souvent, le gas et moi,

L'air soucieux, songeant à l'heure enfin venue
Où l'histoire de leur amour serait connue.

FRANÇOIS

Il fallait m'en instruire à l'heure où tu l'appris.

TOINETTE

C'était déjà trop tard.

ALINE

Nos deux cœurs s'étaient pris.

FRANÇOIS

Où donc? Quand?

TOINETTE

A quoi bon ces questions, mon homme?
On doit s'aimer, on s'aime, et l'on ignore comme.

ALINE

Les champs ont des sentiers. L'église a des recoins.

TOINETTE

Moins ils pouvaient se joindre et mieux ils se sont joints.

ALINE

On avait plus de peine et partant plus de fête.

TOINETTE

Bref, quand le gas m'a dit la chose, elle était faite.

ALINE

Nous étions engagés par les derniers aveux.

TOINETTE

Il ne me restait plus qu'à partager leurs vœux.

FRANÇOIS

Partager leurs vœux! Toi, comme cette innocente,
Toi, croire que jamais maître Pierre y consente!

TOINETTE

J'y croyais sans y croire, hélas! leur répétant :
« C'est fou. » Mais je suis mère, et j'espérais pourtant.

ALINE, d'abord à Toinette, puis à François.

Oh! oui, oui, n'est-ce pas? Et toujours! Et quand même!
Et combien j'aime mon Toinet, combien il m'aime,
Et que c'est un bon gas, droit, brave, sans défaut,
Vous le direz pour nous, avec les mots qu'il faut,
A mon père, et mon père, alors, d'un cœur plus tendre...

SCÈNE III

LES MÊMES, TOINET

(Toinet entre un peu après que François a commencé de parler. Il n'est pas vu des autres. Il a ouvert et refermé la porte lentement, sans bruit. Il a l'air sombre. Il écoute, les bras pendants, accablé, prêt à pleurer.)

FRANÇOIS

Mais il ne voudra pas seulement nous entendre,
Votre père, dût-on lui parler à genoux.
Lui, l'orgueilleux, donner sa fille unique à nous,
Des gens qu'il eut jadis serviteurs à son compte!
Lui! Rien que la pensée, il en mourrait de honte.

TOINET, s'avançant.

Ah! vous avez raison, mon père, et trop raison.

TOUS

Toinet!

TOINET, d'une voix étranglée par les larmes.

Car à moi-même, au seuil de sa maison,
Voici ce qu'en personne il m'a dit tout à l'heure.

ALINE

A vous! Mon père!

FRANÇOIS

Vous voyez bien, puisqu'il pleure.

TOINETTE, l'embrassant.

Mon gas!

TOINET

Ah! c'est affreux, ce qu'il m'a dit, aussi!
Mais il ne s'agit pas de pleurer.

(S'essuyant les yeux d'un geste brusque et brave.)

Là! Voici.
Je revenais des champs. Je l'aperçois. Je passe.
Il m'appelle : « Toinet, me fait-il à voix basse,
« Va trouver tes parents. Ma fille est avec eux.
« Et ce sont des voleurs et, toi, tu n'es qu'un gueux,
« Si vous êtes d'accord pour qu'elle t'appartienne.
« J'aimerais mieux crever que de la souffrir tienne.
« Dis-lui de rentrer, sans qu'on la voie. Obéis.
« Personne ne sait rien encor dans le pays.
« Mais, s'il vous faut, pour vous forcer à me la rendre,
« Un scandale, que tout le monde puisse apprendre,
« Ah! prenez garde, c'est à vous qu'il en cuirait.
« Scandale pour scandale, et secret pour secret! »

(Plus spécialement à sa mère.)

Puis, d'une voix plus basse encor, la bouche amère :
« Répète bien la chose, hein! Surtout à ta mère. »
Je n'ai rien répondu. L'angoisse m'oppressait.
J'ai peur. De quel scandale?...

TOINETTE, vivement.

Oui, je sais ce que c'est.
N'en sois pas inquiet, mon gas.
(A Aline.)
Vous, rentrez vite.

TOINET

Ce scandale...

TOINETTE

Oh ! rien, rien ! Mais mieux vaut qu'on l'évite.

FRANÇOIS

Et moi, je ne veux pas qu'on l'évite.

TOINETTE, suppliante.

François !
Voyons ! Tu te feras du mal, si tu reçois
Ce mauvais homme, plein de mépris et de rage,
Qui sur nous, devant eux, crachera quelque outrage.

FRANÇOIS

Assez, femme, tais-toi. Je connais mon devoir.
Que j'en pâtisse ou non, je veux le recevoir.
Mais ils n'ont pas besoin, eux, c'est juste, d'en être.
Toinet, va dans la cour.

TOINET, après avoir hésité, puis, sur une muette supplication de sa mère.

Oui.

FRANÇOIS

Loin de la fenêtre,
N'est-ce pas ?

TOINET, même jeu.

Oui.

FRANÇOIS

Bien. Va.

TOINET, avec un sanglot, en sortant par la porte de gauche

Mon Dieu !

SCÈNE IV

LES MÊMES, moins TOINET

FRANÇOIS, à Aline.

Vous, mon enfant,
Ne restez pas chez nous puisqu'on vous le défend.
Votre père a raison : rentrez sans qu'on vous voie.
Dites-lui que de mon plein gré je vous renvoie,
Mais qu'en retour je veux sa visite aujourd'hui,
Tout de suite, et que, s'il tarde, c'est moi, chez lui,
Qui me ferai porter pour qu'il me satisfasse
Et qu'on s'explique net, nous et lui, face à face.

ALINE

Oui, monsieur François.

FRANÇOIS

Vite ! Allez vite !

ALINE

A l'instant.
Mais pas sans emporter, moi, ma grâce en partant.
Vous m'en voulez toujours ?
(En s'agenouillant devant François.)

FRANÇOIS

Vous en vouloir, pauvrette !
S'il ne tenait qu'à moi, la noce serait prête.

ALINE, l'embrassant.

Que vous êtes bon!

FRANÇOIS

Las! Votre père l'est peu;
Et ce baiser, mignonne, est un baiser d'adieu.

ALINE

Oh! non.

FRANÇOIS

Ne perdons pas le temps en caquetage.
J'ai quelque force. Il va m'en falloir davantage.
Mais j'ai peur qu'elle s'use.

ALINE, se dirigeant vers la porte à pas lents.

Oui. Pardon.
(Au seuil, avant de sortir, avec tristesse.)
Au revoir!

SCÈNE V

FRANÇOIS, TOINETTE

TOINETTE

Écoute-moi, François. Tu connais ton devoir,
Disais-tu. J'ai le mien aussi. Je veux le faire.
Ne me regarde pas de ce regard sévère.
Laisse-moi te parler raison, là, doucement.
Une telle entrevue en un pareil moment,
Dans ton état, après déjà tant de secousses,
N'est pas possible.

FRANÇOIS, avec un sursaut de colère.

Hein!

TOINETTE, lui fermant la bouche.

Non, tais-toi.

(François essaye de se dégager d'elle.)

Tu me repousses !
Pourquoi ? Tes yeux sont creux.

(Lui prenant les mains.)

La fièvre est dans tes doigts.
Tu veux en faire trop et plus que tu ne dois.
Sois sage.

FRANÇOIS

Mon devoir...

TOINETTE

Ton devoir, mon pauvre homme,
C'est d'être dans ton lit, à dormir un bon somme,
Et non pas de risquer, pour ton orgueil maudit,
Une autre attaque... Hé! le médecin l'a dit,
Souviens-toi! Du repos! Pas d'émotion grave!
Sinon!... C'est mon devoir de te soigner. Sois brave.
Plus tard, bientôt, demain (tu vois, ce n'est pas long,
Demain), quand tu seras bien gaillard, bien d'aplomb,
Le cerveau rafraîchi, le corps droit sur ta chaise,
Demain, tu recevras maître Pierre à ton aise.
Mais pas aujourd'hui! Non! S'il vient, je suis là, moi.
Ne crains rien. Je saurai lui répondre.

SCÈNE VI

LES MÊMES, MAITRE PIERRE

MAITRE PIERRE, en entrant, l'air hautain.

Eh bien! Quoi?

TOINETTE, effarée

Déjà!

FRANÇOIS

Vous avez vu votre fille?...

MAITRE PIERRE

Sans doute.
Je venais la chercher. Je l'ai trouvée en route.
Il paraît que c'est vous, alors, qui m'en voulez!
(S'avançant et se campant les bras croisés.)
Qu'est-ce que vous avez à me dire? Parlez.

TOINETTE, l'air un peu humble.

Maître Pierre...

FRANÇOIS

Ote-toi d'entre nous, femme, et garde
Le silence. C'est moi d'abord que tout regarde.
(A maître Pierre.)
C'est à moi qu'il vous faut rendre compte...

MAITRE PIERRE

Ah çà, mais
Le monde est à l'envers, donc! Toi, tu te permets,
Toi, de me demander compte de quelque chose!

FRANÇOIS

Oui, certe.

MAITRE PIERRE

Oses-tu bien avoir ce front!

FRANÇOIS

Oui, j'ose.

MAITRE PIERRE

Ah! par exemple! Quelle impudence! Comment!
A vous trois, celle-là, son mauvais garnement

De fils, et toi, vieux gueux qui ne vaux pas mieux qu'elle,
Vous attirez parmi votre sale séquelle
Ma fille, et vous allez au mal l'encourageant,
Pour me déshonorer et voler mon argent;
Et c'est toi la victime, à ce que tu racontes,
Et c'est vous, les voleurs, qui demandez des comptes!

FRANÇOIS, *calmé par un geste de Toinette.*

La question n'est pas, Pierre, où vous la cherchez.
Votre fille et Toinet se sont amourachés
A mon insu.

MAITRE PIERRE

Tu mens.

FRANÇOIS, *tendant son bras droit avec peine en le soulevant de l'autre.*

Je l'affirme et le jure.

TOINETTE

Maître Pierre, pourquoi nous faire cette injure
De supposer?...

MAITRE PIERRE

Oh! toi! ton mari cependant
Te l'a bien dit : tiens ta langue, c'est plus prudent.

FRANÇOIS

Cette parole à double entente, et la pareille
Jetée au gas, devant votre porte, à l'oreille,
C'est de ça, maître Pierre, en mieux vous exprimant,
Qu'il faut me rendre compte, et de ça seulement.

MAITRE PIERRE

Fais donc la bête, va! C'est qu'il a l'air encore
De l'ignorer, à quoi je pense!

FRANÇOIS

Oui, je l'ignore.

MAITRE PIERRE

Eh bien! ignore-le, soit!

FRANÇOIS

Je veux le savoir.

MAITRE PIERRE

C'est pour si peu que tu tenais tant à me voir?

FRANÇOIS

Pour rien d'autre.

MAITRE PIERRE

Allons donc! Ce n'est pas pour prétendre
Que votre sans-le-sou peut devenir mon gendre?

FRANÇOIS

Non.

TOINETTE

Votre fille, jusqu'à sa majorité
Est à vous.

MAITRE PIERRE

Jusque-là! Pas plus! En vérité!
Et puis après, pourvu qu'on ruse et qu'on l'enjôle,
Elle sera sans doute à vous, à votre drôle!
Pas tant que je vivrai, toujours! Ah! non! fin Dieu!
Jamais! Finissons-en, tenez! Jouons franc jeu.
Moi, je suis prêt à tout pour empêcher ma fille
D'épouser un mauvais va-nu-pieds qui nous pille.
A tout, vous m'entendez!

(A Toinette.)

Toi, tu m'entends. A tout!

J'ai de quoi vous mater, et j'irai jusqu'au bout.
Ne nous empiergeons plus, François, dans tes sornettes.
Voici ce que j'exige et mes volontés nettes.
Toinet va s'en aller du pays.

TOINETTE

Quoi ! Mon gas
Nous quitter !

MAITRE PIERRE

S'éloigner pour un temps, en tout cas,
Le temps qu'Aline enfin n'en soit plus obsédée
Et me laisse choisir mon gendre à mon idée.

TOINETTE

Et notre bien alors, tout notre pauvre bien !
Mon pauvre homme aura donc peiné, trimé, pour rien !
Qui soignera nos champs ? De quoi faudra-t-il vivre ?

MAITRE PIERRE

Vendez tout ! Ton gas part. Tu n'auras qu'à le suivre.

TOINETTE

Abandonner François ! Ah ! bon Dieu ! bonnes gens !

FRANÇOIS, ironiquement.

Vous me ferez peut-être admettre aux indigents,
Hein ! maître Pierre ?

MAITRE PIERRE

Mais...

FRANÇOIS, terrible.

Assez ! Prenez la porte !
Sortez ! En voilà trop et trop que je supporte !

Nous traiter en vaincus criant grâce à genoux!
Vouloir nous ruiner, nous chasser de chez nous,
Comme si nous étions pour salir sa famille,
Et comme si mon fils ne valait pas sa fille!

MAITRE PIERRE, avec un éclat de rire.

Ton fils! Ah! ah! ton fils! Sûr, qu'il nous salirait!
Et vous le savez bien! Et j'ai votre secret!
Et je peux, à Toinet qui l'ignore, l'apprendre.

TOINETTE, suppliante.

Taisez-vous!

MAITRE PIERRE

Ah! tant pis! Je ne veux pas pour gendre
Un bâtard, là!

FRANÇOIS

Bâtard! Non, ce n'est pas vrai, non!

MAITRE PIERRE

Sans doute, pour la loi, puisqu'il porte ton nom.
Mais souviens-toi...

FRANÇOIS

Non! Non! De rien! D'aucune histoire!
Ma Toinette a vécu de façon méritoire.
L'enfant est bon et doux comme un saint du bon Dieu.
C'est mon gas, c'est mon fils, je te dis, c'est mon fieu!

MAITRE PIERRE

Et moi je te répète encore et sans relâche:
C'est un bâtard, bâtard, bâtard!

TOINETTE

Oh! pitié!

FRANÇOIS

Lâche !
Lâche ! Et ne pas pouvoir !.... Ah ! si l'on se tenait !

(Il fait mine d'étrangler quelqu'un, et d'un pas lourd et saccadé s'avance vers maître Pierre.)

Je... Je...

(Il tombe comme une masse aux pieds de maître Pierre.)

Ah !

TOINETTE, agenouillée auprès de lui.

Dieu !

MAITRE PIERRE, levant les bras.

C'est sa faute !

(Il se dirige vers la porte pour sortir.)

TOINETTE, affolée, vers la fenêtre.

Toinet ! Toinet !

(Rideau.)

ACTE TROISIÈME

Un carrefour sur la grand'route.
A gauche, au premier plan, une auberge avec une enseigne ; et, devant la porte, une table et trois chaises.
A droite, au premier plan, faisant face à l'auberge, une remise et, devant la porte, un billot de bois pour poser la provende des chevaux.
Au fond, au milieu, à l'entre-croisement des deux routes (qui s'enfoncent en diagonale, l'une à droite, l'autre à gauche), un poteau indicateur.
Du poteau à l'horizon, champs labourés.
A l'horizon, même paysage qu'au premier acte.

SCÈNE PREMIÈRE

CATHERINE, MARTIN

(Martin est assis devant la table. Catherine est devant lui, à fringuer les verres.)

MARTIN

Eh ben ! Et ce pichet de vin ?

CATHERINE

Oui, tout à l'heure.
Mon homme est au tonneau qui met la chantepleure.
Une pièce nouvelle ! Il l'entame à l'instant,
Pour vous, juste.

MARTIN

Il l'entame alors en y goûtant.

(Se levant et allant crier au soupirail de la cave.)

Eh ! Thomas, t'endors pas le nez sous la futaille.
J'ai soif.

(Revenant vers Catherine, qui pose les verres sur la table.)

Eh ! ho ! Dépêche !.... Ou je pince la taille
A ta bourgeoise.

(Il veut lui prendre la taille.)

SCÈNE II

LES MÊMES, THOMAS

THOMAS, paraissant au seuil, un pichet à la main.

Tâche !

MARTIN

Et si j'avais tâche

THOMAS, posant le pichet sur la table.

Tu paîrais le pichet comme du vin bouché.

MARTIN

Fichtre! ce que tu dois en faire, des affaires

THOMAS, s'asseyant et lui donnant une bourrade amicale.

Pas mal.

CATHERINE, ayant rempli les verres.

Ne bêtisez donc pas. Videz vos verres,
Ça vaut mieux. Est-il rose, hein! notre vinochet!
(Portant le pichet à son nez.)
Il fleure le raisin que si qu'on en mâchait.

THOMAS, même geste avec son verre.

Oui.

MARTIN, même geste.

La framboise aussi.

(Tous deux boivent.)

CATHERINE

Dame! On se met en quête
Du meilleur. Les clients n'aiment pas la piquette.

THOMAS

Te souviens-tu, Martin, de celle, à la moisson,
Que donnait maître Pierre en guise de boisson,
Dans les temps?

MARTIN

Oui, de l'eau, presque.

THOMAS

Il en était chiche,
Encor.

CATHERINE

C'est comme ça, Thomas, qu'on devient riche.

THOMAS

Oh! la belle malice! Il tondrait sur un œuf,
Maître Pierre! Au surplus, un chançard! Il est veuf.

CATHERINE

Merci.

THOMAS

Tu n'entends rien à rien. Laisse-moi dire.
Moi, veuf, je perdrais tout. Lui, ce qu'il en retire,
C'est tout profit. Le bien de sa femme et son bien,
Ça lui fait bien deux biens d'un seul bien, nom d'un chien!

MARTIN

Oui, deux.

CATHERINE

Mais le plus gros est à sa fille Aline.

THOMAS

Soit! Mais il n'est pas père à lâcher l'orpheline.
Sois tranquille, et je plains ceux qui tournent autour.

Aux plus entreprenants il fera voir le tour.
(A Martin, plus spécialement.)
Tiens! les François! La chose était fort avancée,
Qu'on dit. Ils l'empaumaient déjà, leur fiancée.
Elle était folle, oui, folle à lier, de Toinet.
Regardez donc un peu, maintenant, où c'en est.
Maître Pierre est venu, leur a fait des vacarmes,
Que le diable, il paraît, en aurait pris les armes.
Total : François frappé d'un nouveau coup de sang,
Toinet qui s'est voulu noyer (sans un passant
Il y passait) et qui depuis un mois se traîne
D'auberge en cabaret pour y noyer sa peine.
Beau résultat!

MARTIN

Dis donc, s'il marche de ce train,
Ils seront tous bientôt dans un fameux pétrin.

THOMAS

On vendra tout.

MARTIN

Et Pierre achètera leur friche
Pour rien.

THOMAS, à Catherine.

C'est comme ça, femme, qu'on devient riche.

CATHERINE

Oh! non. A ce prix-là, tu sais, j'aime mieux point.
Tirer les brins de laine au dos des mal-en-point,
Ce n'est pas bien joli quand même.

THOMAS

Ah! tu l'avoues.

CATHERINE

Oui, dame. D'autant plus qu'avec ses bonnes joues,
Ses grands yeux clairs, et dur travailleur, et fort gas,
Le Toinet, n'eût-il rien, vaut la fille. En tout cas,
Ça fait pitié qu'un beau garçon pareil, si brave,
Se perde ainsi! Le pauvre! Il est blanc comme rave
Avec des yeux éteints et tout creux maintenant.
On en a quasi peur. Il semble un revenant.

THOMAS

C'est vrai. Des fois, le soir, il n'a plus forme humaine.
Un loup-garou!

MARTIN

Bah!

CATHERINE, regardant vers le fond à droite.

Tiens! le voilà qui s'amène.

MARTIN

Quand on parle du loup!...

(On aperçoit Toinet qui arrive par le fond. Il est pâle. Il marche lentement en titubant, la tête nue et basse, les vêtements en désordre.)

SCÈNE III

LES MÊMES, TOINET

THOMAS, à Martin, lui montrant du doigt Toinet.

Hein? Sa mine!

MARTIN

En effet.

THOMAS

Depuis un mois tantôt, crois-tu qu'il est défait?

MARTIN

Oui, mais il n'a pas l'air d'un loup. D'un chien en laisse,
Plutôt.

THOMAS, se levant pour héler Toinet.

Hé!

CATHERINE, l'arrêtant.

Laisse-le donc tranquille.

THOMAS, insistant.

Hé!

CATHERINE, le retenant encore.

Laisse.

THOMAS

Bouh! Un pichet de vin; un verre de liqueur?

CATHERINE

Non. Quand il boit chez nous, ça me crève le cœur.
Prendre leurs pauvres sous qui vont déjà si vite!

THOMAS

Il boira chez un autre. Autant qu'on en profite.

CATHERINE

Tu n'es pas honteux?

THOMAS, vers Toinet qui est prêt à disparaître après avoir traversé la scène.

Hé! Tu n'entres pas?

TOINET, retourné, et d'un air vague.

Si, si.

THOMAS

Ah !

TOINET, réfléchissant, de plus en plus vague.

C'est-à-dire, non. Je n'entre pas. Merci.

CATHERINE

Nu-tête ! Par ce gros soleil qui vous assomme !
Toinet?

TOINET

Hein?

CATHERINE, allant à lui.

Il fait frais dans la remise. Un somme
Vous reposerait.

TOINET

Oui, dormir. Une idée, oui !
Je veux bien.

CATHERINE

Vous n'avez rien mangé d'aujourd'hui,
Probablement.

TOINET

Non, rien... Bu ! J'ai bu, sur la route.

CATHERINE

Eh bien ! vous casserez au réveil une croûte.

TOINET

Je n'ai pas faim.

CATHERINE

Ta, ta! Quand vous aurez dormi!

TOINET

Je n'ai pas sommeil.

CATHERINE, l'entraînant vers la remise, à droite.

Bon! Venez toujours, l'ami.
Une fois installé dans la remise, à l'ombre!...
On n'y fait pas de bruit. Elle est vide. Elle est sombre.
Vous vous endormirez comme chez vous.

TOINET

Oh! mieux,
Pour sûr. Si vous saviez, à la maison!

CATHERINE

Le vieux
Ne va toujours pas?

TOINET, s'échauffant peu à peu.

Non. Et la mère qui pleure,
Pleure toujours! Et tout qui marche à la malheure!
Et moi, lâche! lâche!

(Se frappant la poitrine.)

Oui, lâche! Un bœuf à genoux!
Dormir! C'est fini, dame! On ne dort plus chez nous.

CATHERINE, le poussant de plus en plus vers la remise.

Chez vous, soit! Mais chez nous, là, c'est une autre affaire.
Essayez seulement un peu. Laissez-vous faire.
Soyez gentil. Dans la remise, bien au frais,
Je vous réponds que vous dormirez.

TOINET, sanglotant.

Oh!

CATHERINE

Après,
Avec nous, des amis, vous vous mettrez à table.

TOINET, même jeu.

Si vous saviez !

CATHERINE

Allons.

(Elle le fait entrer dans la remise et l'y suit.)

SCÈNE IV

THOMAS, MARTIN

THOMAS, d'une voix piteuse.

Ma femme est charitable,
Dis, Martin?

MARTIN, même jeu.

Oui, Thomas.

THOMAS

Moi, je le suis aussi,
Vois-tu, Martin.

MARTIN

Je vois, Thomas.

THOMAS

On est ainsi.
Qu'y faire?

MARTIN

Rien.

THOMAS

Ce n'est pas drôle, cette histoire.

MARTIN

Pas drôle, non, et pas encourageant à boire.

(Ils s'accoudent, et se regardent silencieusement.)

SCÈNE V

LES MÊMES, CATHERINE

CATHERINE, revenant.

Là, le pauvre être, il dort!

MARTIN

Quoi! déjà?

CATHERINE

Comme un plomb.

Ah! je le disais bien, ça n'a pas été long.
Il a pris dans ses poings sa tête fatiguée,
Et, pouf!

THOMAS

C'est triste.

MARTIN

Oh! triste, oui.

CATHERINE

Moi, ça me rend gaie
De le savoir en paix au moins pour un moment.

THOMAS

Martin?

MARTIN

Thomas?

THOMAS

Si nous dormions pareillement!

CATHERINE

Pourquoi diable dormir, vous?

THOMAS

Parce qu'on est triste.

CATHERINE, leur versant le reste du pichet dans leurs verres.

On n'en a pas le droit quand on est aubergiste.

MARTIN, levant son verre, et lugubrement.

A ta santé, Thomas!

THOMAS, même jeu.

A ta santé, Martin!

THOMAS et MARTIN, reposant leurs verres sans avoir bu.

Ah!

(Avec un profond soupir.)

CATHERINE

Non, mais chantez donc Requiem en latin!
Quels croque-morts! Le nez vous pend long comme un cierge.
Eh bien, c'est engageant pour entrer à l'auberge!
Pas la peine d'avoir un vin pareil, mâtin!

(Tous deux avalent leur verre d'un trait.)

MARTIN, d'une voix encore mélancolique.

Core un pichet, Thomas?

THOMAS, même jeu, et avec l'air résigné.

Core un pichet, Martin.

(Tendant le pichet vide à Catherine.)

Tiens, va nous le tirer. La chantepleure est tendre,
Prends garde. Le vin gicle aussitôt sans attendre.

CATHERINE

Ne crains rien. Mais changez de figure, bon Dieu !
Ou je change d'enseigne, et fais peindre en son lieu
Vos deux portraits, un chien qu'on fouette, un chat qu'on peigne,
Avec cette devise : « Aux deux gueules d'empeigne ! »

(Elle rentre dans la maison.)

SCÈNE VI

THOMAS, MARTIN, LE CHEMINEAU à la cantonade.

THOMAS, dont le visage s'est peu à peu épanoui pendant que sa femme parlait.

Crois-tu qu'elle a le mot pour rire, celle-là,
Hein ! Martin ?

MARTIN

Oui, Thomas. Pour l'avoir, elle l'a.

LE CHEMINEAU, à la cantonade.

Chantez mitaine,
Et répondez miton.
A la fontaine
On y boira, fiston,
Un coup d'pictaine,
Et ti ton taine,
Un coup d'pictaine,
Un coup d'picton.

MARTIN, *allant regarder vers la route de gauche.*

Ben! Celui-là non plus, Thomas, n'engendre pas
Mélancolie. Un mort en marcherait au pas.

(Il se met à marcher de long en large, gaiement, au rythme du second couplet, chanté d'une voix plus proche.)

LE CHEMINEAU, *à la cantonade.*

Chantez mitaine,
Et répondez miton,
A la fontaine
On y boira, fiston,
Deux coups d'pictaine,
Et ti ton taine,
Deux coups d'pictaine,
Deux coups d'picton.

MARTIN, *s'arrêtant essoufflé.*

Ah! le bougre! En a-t-il, du vent dans la poitrine!

THOMAS

Il doit avoir soif.

(Faisant rasseoir Martin.)

Toi, rassieds-toi.

(Appelant vers la maison.)

Catherine!

SCÈNE VII

Les Mêmes, CATHERINE

CATHERINE, *arrivant avec un pichet plein.*

Voilà!

THOMAS, *s'asseyant.*

Bien. Quand il va passer, ris en versant.
C'est la meilleure enseigne à montrer au passant.

SCÈNE VIII

LES MÊMES, LE CHEMINEAU

(Thomas et Martin tendent leurs verres, et Catherine tient le pichet en l'air, prête à verser, le sourire aux lèvres.)

LE CHEMINEAU, encore à la cantonade, à gauche.

Chantez mitaine
Et répondez miton.
A la fontaine
On y boira, fiston,

(Paraissant, et traversant la scène de gauche à droite, sans voir le groupe, car il se dirige vivement vers le poteau indicateur des chemins.)

Trois coups d'pictaine,
Et ti ton taine,
Trois coups d'pictaine,
Trois coups d'picton.

(En achevant sa chanson, il s'arrête devant le poteau qu'il examine longuement.)

CATHERINE, à Thomas, en reposant le pichet.

Ce n'est qu'un chemineau, tiens! J'ai ri pour des pommes.

THOMAS, à Catherine.

Des fois, ils ont des sous.

(Haut.)

Hé! l'homme!

LE CHEMINEAU, se retournant.

Quoi! les hommes?

THOMAS, l'air engageant.

On n'a pas soif?

LE CHEMINEAU

Si; mais, plus de soif que d'argent.

THOMAS, l'air renfrogné et lui tournant le dos.

Ah !

CATHERINE, bas à Thomas.

Là, je l'avais dit, tu vois, un indigent !

LE CHEMINEAU, s'avançant vers eux.

Alors ?

THOMAS, embarrassé.

Alors, voilà, rien. C'est tout.

MARTIN, même jeu.

La journée
Est chaude.

THOMAS, même jeu.

Oui, la journée est chaude.

LE CHEMINEAU, à Catherine.

Une tournée
De ce petit vin-là...

CATHERINE, vexée.

Petit !...

LE CHEMINEAU

Ça vaut combien ?

CATHERINE

Dix sous le pichet.

LE CHEMINEAU

Pft (en sifflant).
Dix sous !

CATHERINE

Il les vaut bien.

LE CHEMINEAU, goguenard.

La politesse avec, hein ?

CATHERINE

Quelle politesse ?

LE CHEMINEAU, même jeu.

De se torcher le bec à celui de l'hôtesse.

THOMAS, se levant.

Dis donc, toi, chemineau !

LE CHEMINEAU, rieur.

Quoi donc, toi, las d'enfler ?

THOMAS

Tu tiens le nez bien haut !

LE CHEMINEAU, même jeu.

C'est pour mieux renifler.

CATHERINE, serrant le pichet contre elle.

Pas mon vin, toujours !

LE CHEMINEAU, même jeu que plus haut.

Lui comme toi, la bourgeoise.
Gageons que vous fleurez la fraise et la framboise.

(Vivement il s'est rapproché de Catherine, a flairé le pichet, puis l'a pris, et s'est sauvé vers le fond en courant. Catherine court après lui, le rattrape et veut reprendre son pichet. Il l'empoigne par la taille et danse avec elle en chantant, tandis que Thomas est retenu à l'avant-scène par Martin qui danse aussi.)

Cueillera, cueillerai
La fraise et la framboise.
Cueillera, cueillerai,
Je les cueille à mon gré,
Et dans mon vin je les écrase.
Ah! cueillera, je les cueille, cueillerai,
La fraise et la framboise.

(Il embrasse Catherine et la lâche en lui rendant le pichet.)

MARTIN

Ah! le bon drille! Avez-vous vu comme il guinchait!
(Il imite grossièrement la danse du chemineau.)
Aï donc! Aï donc!... Ma foi! Je me fends d'un pichet!...
Et même d'une soupe! Une bonne ognonnée!

CATHERINE.

Pour qui?

MARTIN

Pour nous et lui, dame! Il l'a bien gagnée.
Ho! Catherine! chaud! chaud!

CATHERINE, qu'il pousse vers la cuisine.

On y va, mon Dieu!
(Elle rentre dans la maison.)

SCÈNE IX

LES MÊMES, moins CATHERINE

MARTIN, tendant le pichet au chemineau.

Tiens, en attendant, toi, prends patience un peu.

LE CHEMINEAU, prenant le pichet.

Merci.

MARTIN

Laisser à sec gueule aussi goguelue,
Jamais!
(Voyant que le chemineau n'a pas de verre.)
Bois donc à même.
(Le chemineau se met à boire lentement.)

THOMAS, qui depuis un moment examine attentivement le chemineau.

Ah çà! j'ai la berlue.
Mais plus je le regarde et plus il me semble...
(Avec décision.)
Oui,
Sûr, j'en réponds. On n'en fait pas deux comme lui.
Ça crève les yeux, même à travers la paupière.
(A Martin, et sans que le chemineau, buvant toujours, entende.)
C'est notre chemineau. Tu sais! Chez maître Pierre!

MARTIN

Oui donc!

THOMAS, s'avançant vers le chemineau.

On s'est connu dans les temps.

LE CHEMINEAU

Dans quels temps?

THOMAS

Voilà vingt ans.

MARTIN

Passés.

LE CHEMINEAU

Diable! C'est loin, vingt ans.
J'en ai fait du chemin, depuis vingt ans, tu penses.

THOMAS, *montrant son gros ventre.*

Moi, tu me reconnais, moi, voyons?

LE CHEMINEAU

Oh! des panses
Comme la tienne, on en rencontre un peu partout.

MARTIN

Nous avons dû changer, Thomas.

THOMAS, *montrant avec admiration le chemineau.*

Lui, pas du tout.

LE CHEMINEAU

Ah! dame! à voir vieillir autour de vous les vôtres,
Vous vieillissez plus tôt, vous. Tandis que nous autres,
Les oiseaux voyageurs qui n'avons pas de nid,
On ne voit que des gens nouveaux : ça rajeunit.

MARTIN

Enfin, tes souvenirs...

LE CHEMINEAU

Ma mémoire en est pleine.

THOMAS

Alors, souviens-toi.
(*Désignant la campagne au fond.*)
Là, c'était là.

MARTIN, *appuyant.*

Dans la plaine.

LE CHEMINEAU

Je ne me souviens pas.

MARTIN

On était six garçons.

LE CHEMINEAU

Ah !

THOMAS

On coupait les blés.

LE CHEMINEAU, s'asseyant près de la table.

J'ai tant fait de moissons !

MARTIN, s'asseyant de l'autre côté de la table.

Tiens ! c'est toi qui menais, avec ta chansonnette.

LE CHEMINEAU

Je mène ainsi partout.

THOMAS

Tiens ! c'était la Toinette...

LE CHEMINEAU, brusquement.

La Toinette, tu dis ?

THOMAS et MARTIN

Oui.

LE CHEMINEAU

Ça, c'est différent,
Je m'en souviens ; car j'ai, sur ma route, en courant,
Connu plus d'une fille, ou blondine, ou brunette,
Mais sans trouver jamais la pareille à Toinette.

THOMAS, assis à son tour entre Martin et le chemineau.

Ah ! tu vois !

LE CHEMINEAU, se retournant vers le fond.

Vingt-deux ans! C'est dans ce pays-ci...
Oui, je le reconnais à présent. Vous aussi.
Comment tu t'appelais, toi, le gros, je l'ignore.
Mais toi, c'était... attends!... Martin.

MARTIN

Ce l'est encore.

THOMAS

Et moi, Thomas.

LE CHEMINEAU, l'air indifférent.

Thomas! soit!

THOMAS

Je n'ai point maigri,
Hein?

LE CHEMINEAU, l'air de plus en plus ailleurs.

Non.

MARTIN

Mais tu n'as plus, toi, ton air guilleri
De tout à l'heure. A quoi penses-tu donc?

THOMAS

Il semble...

LE CHEMINEAU

Je pense aux blés coupés que nous coupions ensemble.

MARTIN

Ah! pardi! c'est lointain.

THOMAS

Vingt-deux ans révolus !

LE CHEMINEAU

Des blés comme ceux-là, je n'en couperai plus.

MARTIN

Dame ! c'était du sol bien soigné, bien prospère !

THOMAS

A maître Pierre, quoi ! C'est tout dire.

LE CHEMINEAU, avec hésitation.

Et, j'espère,
La Toinette est encor vivante, n'est-ce pas ?

MARTIN

Oui donc !

LE CHEMINEAU

Dans le pays ?

THOMAS

Au village, là-bas.

MARTIN

Toujours le même.

LE CHEMINEAU

Elle est heureuse, j'aime à croire?

THOMAS

Pas très pour le quart d'heure.

MARTIN

Oui, c'est toute une histoire !

THOMAS

Tiens, tu serais venu l'autre mois seulement,
On t'aurait dit oui.

MARTIN

Sûr ! Sauf le désagrément
Du vieux...

THOMAS

Impotent...

MARTIN

Dame ! à son âge, on décline.

LE CHEMINEAU

Mais quel vieux ? Elle était sans parents, orpheline.

MARTIN

C'est vrai, tu ne sais pas. Ben, son mari, parbleu !

LE CHEMINEAU

Mariée !... Ah !... Depuis longtemps ?

THOMAS

De plus qu'un peu,
Quasi depuis que loin d'ici tu te promènes.
Ça s'est fait dans les deux, trois ou quatre semaines
Peut-être, après les blés coupés et toi parti.

LE CHEMINEAU

Bien mariée ?

THOMAS

Oh ! ça, pour sûr. Un bon parti !

MARTIN

Pas des plus jeunes; mais cor ben gaillard et ferme.

THOMAS

Tu ne connais que lui! Le premier gas de ferme!
François!

LE CHEMINEAU

Je me rappelle: un grand, fort, l'air chagrin,
Qui n'aimait pas à rire et grisonnait un brin.

MARTIN

Il avait de la terre.

THOMAS

Et des sous.

LE CHEMINEAU

Économe,
Oui; travailleur; l'abord dur; mais, au fond, bon homme.
Elle a dû près de lui vivre heureuse en effet,
Plus heureuse qu'avec... un autre. Elle a bien fait.

THOMAS

Et sans compter que si leur histoire dernière
Avait tourné la roue autrement qu'à l'ornière...

MARTIN

Si maître Pierre avait des goûts moins exigeants
Et ne se montrait pas tant fier aux pauvres gens...

THOMAS

Leur gas...

LE CHEMINEAU

Ils ont un gas?

THOMAS

Mais oui.

MARTIN

Gentil, robuste...

THOMAS

Fin travailleur aussi.

LE CHEMINEAU

Quel âge a-t-il?

THOMAS

Au juste,
Je ne sais trop. Vingt ans, vingt et un ans, je crois.

MARTIN

Oh ! plus. A mon estime il va sur ses vingt-trois.

THOMAS

Mais non. Moi je réponds comme il faut qu'on réponde.
S'il va sur ses vingt-deux, c'est tout le bout du monde.

LE CHEMINEAU, se levant, à part, très ému.

Voyons! Qu'est-ce que j'ai? Quelle idée!... Et pourtant!...

MARTIN

A quoi penses-tu donc encore d'attristant?

LE CHEMINEAU, rassis.

Je pense aux blés coupés qui ne sont pas les nôtres
Et dont les épis mûrs font du pain pour les autres.

SCÈNE X

LES MÊMES, CATHERINE

CATHERINE, sortant de l'auberge.

Voilà ! La soupe est faite et le pichet tiré.
A table ! (Thomas et Martin se lèvent pour rentrer.)

LE CHEMINEAU, arrêtant Thomas.

Mais ce gas, dis-moi...

THOMAS, l'entraînant.

Je te dirai
La chose en mangeant.

MARTIN, même jeu.

Oui, tout au long et sans presse.
Moi, j'en sais !

THOMAS

Et moi, donc ! Et si ça t'intéresse,
On te le montrera, le gas.

LE CHEMINEAU

Où donc ? Comment !

THOMAS, l'air mystérieux.

Tu verras !

MARTIN, même jeu.

Oui.

THOMAS, à Catherine.

Viens-tu, femme ?

CATHERINE

Dans un moment.
Vous n'avez pas besoin de moi ; la table est mise.

MARTIN, entraînant le chemineau.

Bien.

CATHERINE, bas à Thomas qu'elle retient.

Je vais regarder un peu dans la remise
S'il dort toujours.

THOMAS

Va, va.

(Il court rempoigner le chemineau, entraîné par Martin.)

Tout d'abord, tu sauras....

MARTIN, tirant le chemineau dans l'auberge.

Laisse-moi dire.

THOMAS

Moi!

(Ils entrent tous les trois à l'auberge et l'on entend le bruit des voix.)

SCÈNE XI

CATHERINE, seule.

(Elle va jusqu à la remise, ouvre la porte, regarde longuement.)

La tête dans ses bras.
Le corps en boule. Il n'a pas bougé.

(Elle remonte vers la table qu'elle va se mettre à débarrasser et essuyer.)

Quel dommage,
Quand même ! Un gas pareil, sage comme une image,
Le modèle des gas, se déranger ainsi !
Pauvre mère, doit-elle en avoir, du souci !

(Tenant le pichet et les verres.)

Si j'étais d'elle, moi, vrai comme je me nomme
Catherine, au logis je planterais mon homme
Gardé par les voisins (pour ce qu'il y connaît!)
Et je courrais après mon gas, voilà !

(Elle s'apprête à rentrer.)

SCÈNE XII

CATHERINE, TOINETTE

TOINETTE, à la cantonade, d'une voix lointaine.

Toinet!

CATHERINE, s'arrêtant à deux pas du seuil.

Mais il me semble.... (Elle prête l'oreille.)
Non. Je me trompe, sans doute.

TOINETTE, à la cantonade, d'une voix plus rapprochée.

Toinet!

CATHERINE

Mais si. Bien sûr, c'est elle.
(Elle court au fond et regarde vers la route à droite.)
Oui, sur la route,
Là-bas. Elle s'arrête et regarde.

TOINETTE, à la cantonade.

Toinet!

CATHERINE, tour à tour la hélant et se parlant.

Hé ! Venez !.... Pauvre femme ! Elle s'en retournait.
(Faisant avec le bras le geste d'appeler.)
Oui ! Mais oui !... La voilà qui court et qui s'éreinte
Maintenant... Ne courez donc pas. Soyez sans crainte.
Il n'a rien. Il n'a pas de mal. Il est ici,
Chez nous.

TOINETTE, arrivant essoufflée, nu-tête et un peu échevelée. (Avec un grand soupir douloureux.)

Ah! (Après un temps.) Il boit?

CATHERINE

Non! Non! Il dort.

TOINETTE, lui prenant les mains.

Ah! merci!

CATHERINE, la faisant asseoir sur une chaise qu'elle approche.

Mais reposez-vous donc, là, ma bonne Toinette.

TOINETTE, rajustant ses cheveux.

J'ai l'air d'une folle, hein! à courir sans cornette
A travers champs, ainsi, les cheveux déroulés.
Ah! c'est plus fort que moi, qu'est-ce que vous voulez?
Par moments, il me prend des terreurs, une sorte
De fièvre. Je le crois mort. Il faut que je sorte,
Que je le cherche. Il est dehors, tenez, depuis
Deux heures du matin. Et c'est toutes les nuits
Comme ça. J'attends bien jusqu'à l'après-dînée;
Mais s'il ne rentre pas, alors, l'âme tournée,
Je n'en peux plus. Je pars. Je vais le réclamant,
N'importe où, vous voyez, et n'importe comment.

CATHERINE

Il nous est arrivé tantôt, le regard vague,
Parlant à peine, presque en homme qui divague.

TOINETTE

Ivre, bien sûr.

CATHERINE

Oh! non, Toinette; plutôt las.

TOINETTE

Il n'avait pas bu?

CATHERINE

Pas beaucoup, je ne crois pas.
Vous savez, il suffit, par ce temps de fournaise,
De peu de chose pour qu'on soit mal à son aise;
Il l'était, dà; mais c'est fini, j'en répondrais,
Depuis qu'il dort.

TOINETTE

Où donc?

CATHERINE, la conduisant vers la remise.

Dans la remise, au frais.

TOINETTE, le regardant.

Par terre!

CATHERINE

Avec un tas de paille sous sa tête.

TOINETTE, sanglotant.

Lui, mon gas, dormir là, vautré comme une bête!

CATHERINE

Voyons, Toinette, il faut se faire une raison.

TOINETTE, même jeu.

Mon Dieu!

CATHERINE

Puisqu'il est calme, entrez à la maison
Vous calmer aussi, vous. Vrai, vous vous êtes mise
Dans un état!

(Elle veut l'emmener.)

Venez.

TOINETTE

Non, merci. La remise
Me va mieux. Près de lui, seule, et plus à mon gré,
J'attendrai qu'il s'éveille et je l'emmènerai.
Pardon si mon refus d'entrer...

(Montrant l'auberge.)

là... vous chagrine;

(On entend des voix dans l'auberge.)

Mais vous avez chez vous du monde, Catherine,
Et vous comprenez bien, quand on est dans l'ennui,
On aime autant ne pas être vu par autrui,

(En montrant l'auberge où l'on entend clinquer les verres.)

Surtout tels que ceux-là, probablement en fêtes.

CATHERINE

Oui, je comprends; comme il vous plaira. Faites, faites.

TOINETTE, avant d'entrer dans la remise.

Ah! que vous êtes bonne, et brave!

CATHERINE, en haussant les épaules.

Qui ça? Moi?

TOINETTE

Oui, oui!

(Elle l'embrasse.)

Merci! De tout mon cœur.

CATHERINE, même jeu.

N'a pas de quoi.

(Toinette entre dans la remise, dont Catherine referme la porte.)

SCÈNE XIII

CATHERINE, *seule, revenant vers l'auberge.*

Ah! Dieu! non!... Ça rendrait tendre même une pierre,
Ces choses-là! Quel vieux brigand, ce maître Pierre!
Pour voir ça sans pitié faut-il qu'il soit mauvais!

SCÈNE XIV

CATHERINE, THOMAS, MARTIN, LE CHEMINEAU

(Les trois hommes sortent de l'auberge, Thomas seul le premier, puis Martin et le chemineau à qui Martin parle bas.)

THOMAS

Catherine, Martin s'en retourne. Je vais
Avec lui, jusque chez ses cousins, sur la côte.
Ils ont de la volaille en trop. Ça nous fait faute.
J'en rapporterai.

CATHERINE

Va.

THOMAS

J'en ai pour deux instants.

CATHERINE

Bon, bon.

MARTIN, *au chemineau qui s'est assis, pensif.*

Tu ne viens pas avec nous?

LE CHEMINEAU

Non, j'attends.

CATHERINE

Quoi donc?

LE CHEMINEAU

Que le Toinet ait achevé son somme.

CATHERINE

Pourquoi?

LE CHEMINEAU

Pour lui parler.

CATHERINE

Toi, lui parler?

LE CHEMINEAU

Tout comme.

THOMAS, déjà au fond avec Martin.

Oui, Catherine, il peut lui parler; c'est promis.

CATHERINE, étonnée.

Ah!...

(Résignée.)

Enfin!

THOMAS et MARTIN, avant de s'en aller.

Au revoir!

LE CHEMINEAU

A tantôt, les amis!

(Thomas et Martin s'en vont par la route de droite.)

SCÈNE XV

CATHERINE, LE CHEMINEAU

(Pendant toute la scène suivante, le chemineau, assis, reste toujours pensif et répond par moments en ayant l'air de réfléchir à autre chose.)

CATHERINE

Tu connais les François, donc?

(Le chemineau fait, avec la tête, signe que oui.)

Leurs malheurs?

LE CHEMINEAU

Sans doute.

CATHERINE

Et maître Pierre?

LE CHEMINEAU

Aussi. (Voyant qu'elle va l'interroger encore.)

Je sais tout.

(Après un silence pendant lequel Catherine a pris les objets sur les tables pour rentrer, mais en tournaillant comme si elle voulait s'attarder.)

On redoute

Maître Pierre, hein?

CATHERINE

Oh! oui.

LE CHEMINEAU

Mauvais?

CATHERINE

Mauvais tout plein.

LE CHEMINEAU

C'est drôle! Dans les temps, il n'était pas malin.

CATHERINE

Et toi, tu l'étais?

LE CHEMINEAU

Oui.

CATHERINE

Tu l'es cor?

LE CHEMINEAU

Je suppose.

CATHERINE

Alors tu ferais bien de trouver quelque chose
Pour tirer la Toinette et son fieu du tracas.

LE CHEMINEAU

Peut-être!... Ça dépend!... Quand j'aurai vu le gas!

CATHERINE

C'est elle qu'il faut voir, si triste!

LE CHEMINEAU, *vivement.*

Je préfère
Ne pas la rencontrer.

CATHERINE

Pourquoi!

LE CHEMINEAU

C'est mon affaire.

(*Il se plonge plus profondément dans ses réflexions.*

CATHERINE, *s'éloignant, à part.*

Tiens! tiens!... Eh bien! tu vas la rencontrer, pourtant.
Il se décidera, pour sûr, en l'écoutant.

A quoi? J'ignore. Mais ça peut rendre un service,
Des gueux pareils! Ils ont du toupet et du vice.
Des sorciers, quelquefois, qui sentent le roussi!
Si maître Pierre avait aux jambes celui-ci!...
Ma foi! je fais la chose à ma guise, n'importe!

(Revenant vers le chemineau et lui tapant sur l'épaule.)

Chemineau!

LE CHEMINEAU, comme sortant d'un rêve.

Quoi?

CATHERINE, montrant la remise.

C'est là, derrière cette porte,
Que dort Toinet. Tu peux le réveiller. L'instant
Est bon. Ici, personne et, dans l'auberge, autant.
Je vais chercher des œufs, moi, là-bas, dans la grange.
Vous causerez tous deux seuls, sans qu'on vous dérange.

LE CHEMINEAU

Bien.

(Catherine sort en passant derrière la maison.)

SCÈNE XVI

LE CHEMINEAU, seul.

(Après un temps, il se lève et se dirige vers la remise lentement; puis, la main sur le loquet, il hésite à entrer et vient se laisser tomber sur le billot de bois.)

Voilà que j'ai peur, à présent, de le voir.
Si c'était mon enfant, pourtant!... Dame! Savoir!
Un enfant! Moi, le sans-famille! Quelle idée!
Pourquoi ma tête alors en est-elle obsédée?
Et d'où me vient, à moi, le vagabond joyeux,
Ce désir qui me met des larmes dans les yeux?
Un enfant qu'on chérit, qui vous le rend, un être

En qui, lorsqu'on décline, on sent qu'on va renaître,
Oui, ça doit parfumer la vie !... (Se levant.) Allons, vieux fou,
Fils de n'importe qui, rôdeur de n'importe où;
Tu rêves d'un foyer, toi !... Pourquoi pas des rentes?
Les nids ne sont pas faits pour les bêtes errantes.

(Il retraverse, avant ce dernier vers, la scène, et revient s'asseoir à gauche.)

Quand même ce serait ton enfant!... Soit!... Après?
Être un père, un vrai père, est-ce que tu pourrais?
Hélas ! (Il se lève et marche quelques pas.)
Suis ton destin. Va, chemineau, chemine!

(Il se dirige vers le fond, lentement, comme pour s'en aller.)
(Revenant brusquement.)

Oh! non! non! C'est honteux. Tu n'es qu'une vermine,
De vouloir fuir. Tu dois rester. Tu dois le voir.
Pour la première fois que tu sais ton devoir,
Il te faut le remplir, si fort qu'il te tenaille,

(Se prenant à deux poings par le collet et comme se traînant lui-même vers la remise.)

Et tu le rempliras cette fois-ci, canaille !

SCÈNE XVII

LE CHEMINEAU, TOINETTE

LE CHEMINEAU, ouvrant brusquement la remise.

Eh ! Toinet ! (Il recule, effaré.)
Elle !

TOINETTE, apparaissant dans la porte, de dos, la refermant, puis se retournant.

Toi ! (Elle s'écroule sur le billot.)
Ce n'est pas vrai.

(Sur un geste attendri du chemineau.)

Mais si !

(S'exaltant peu à peu, se levant, mais sans s'approcher de lui.)

D'où viens-tu? Que veux-tu? Qui te ramène ici,

Toi! Toi! Mais parle donc! Ici! Pour quelle cause?
Parle! Pourquoi ne rien dire? Dis quelque chose.
Quel mal peut s'ajouter au mal que tu m'as fait?
Parle! Tu n'as donc rien à répondre?

LE CHEMINEAU, accablé, humble et repentant.

En effet,
Rien, Toinette, sinon que je suis un pauvre être,
Sans cervelle et sans cœur, à qui vient d'apparaître
Pour la première fois le besoin du devoir,
Et qui t'a fait du mal faute de le savoir,
Mais qui désormais, brave, et tout entier, se donne
A réparer ce mal pour qu'on le lui pardonne.

TOINETTE, sans colère et désespérée.

Hélas! il est trop tard. Même en t'y bien donnant,
Tout entier, brave, tu n'y peux rien maintenant.

LE CHEMINEAU

J'essaîrai.

TOINETTE

C'est fini, va, c'est irréparable.
Ah! si tu connaissais notre sort misérable!

LE CHEMINEAU

Je le connais, Toinette; on me l'a raconté.
Je passais. (Montrant l'auberge.)
Ils m'ont tout appris. Je suis resté.

TOINETTE, dans un élan vers lui.

Tu n'es donc pas sans cœur comme tu veux le dire!
Ah! j'en étais bien sûre. Aussi, va, même au pire
De ma peine, jamais je ne t'en ai voulu.
Je pensais: « Quand l'oiseau se sent pris à la glu,

« Effaré, s'arrachant les plumes, l'aile folle,
« Oubliant tout, son nid, sa compagne, il s'envole
« Vers le libre horizon grand ouvert devant lui.
« Ainsi mon chemineau loin de moi s'est enfui !
« Tout triste de m'avoir quittée, oh ! oui, sans doute...
« Content quand même, puisqu'il est sur sa grand'route ! »
Et mes vœux t'y suivaient, sans autre soin pour eux
Que le désir fervent de t'y savoir heureux.
Pourquoi je t'ai si mal accueilli tout à l'heure,
Je l'ignore. Ah ! vois-tu, quand on souffre, qu'on pleure,
On dit les premiers mots qui vous viennent, voilà !
Mais ils ne venaient pas de mon cœur, ces mots-là.
Mon pauvre cœur soumis n'est pas fait pour la haine.
Il ne gardait de toi que l'image lointaine,
Lointaine et douce, du beau temps évanoui
Où notre amour en fleurs s'était épanoui.
Et ce cher souvenir était sans amertume,
Comme celui des morts aimés qu'on s'accoutume
A savoir morts... Aussi t'avais-je pardonné
Depuis longtemps déjà, le jour où nous est né...
Notre fils.

LE CHEMINEAU

Notre fils !... Mon fils !...

TOINETTE

Il te ressemble,
Tu verras.

LE CHEMINEAU, voulant aller à la remise.

Tout de suite ! Oh ! tout de suite !... Ensemble.

TOINETTE

Non ! Attends. Pas encor.

LE CHEMINEAU

Toinette, cependant...

TOINETTE

Par pitié, chemineau, prends garde. Sois prudent.
Tu pourrais te trahir. Et ce serait infâme
Si d'un geste, d'un mot, tu lui jetais dans l'âme
L'ombre d'un soupçon, fût-ce un doute. Tu conçois,
Il me respecte, il m'aime, il aime aussi... François
Qui fut si bon pour lui, pour nous... Tâche d'entendre.

LE CHEMINEAU

Oui, j'entends. C'est un droit que de se montrer tendre
Envers lui. Ne l'avoir plus, c'est mon châtiment;
Et je le subirai sans me plaindre, humblement.
Mais je garde le droit, Toinette, tout de même,
De l'aider si je peux, de l'aimer sans qu'il m'aime...

TOINETTE

Oh! oui, oui!

LE CHEMINEAU

De chercher mon bonheur dans le sien.

TOINETTE

C'est cela. Mais comment?

LE CHEMINEAU

Sois tranquille! Un ancien
Compagnon de travail d'avant votre ménage,
Un passant de retour, voilà le personnage
Quelconque, indifférent, que je serai pour lui.

TOINETTE

Il n'aura ni soupçon ni doute?

LE CHEMINEAU

Aucun ennui.
François, à ce qu'ils m'ont raconté, déraisonne.

TOINETTE

C'est vrai ; plus en état de connaître personne !

LE CHEMINEAU

Ah ! tu vois bien, alors, rien ne me le défend,
De racheter ma faute et d'aimer mon enfant !

TOINETTE

Ah ! jamais, non pas même à nos plus belles heures,
Jamais tu ne m'as dit de paroles meilleures.
Oui, oui, tu peux l'aimer ! Le secourir aussi !
Comment tu t'y prendras, je n'en ai plus souci.
Tout ce que tu feras sera bien fait. Ordonne.

LE CHEMINEAU

D'abord et d'une, femme, il faut qu'on lui redonne
De la gaîté, puisqu'il est à bas, m'a-t-on dit.
Puis je verrai si j'ai toujours quelque crédit
Chez maître Pierre, et s'il est toujours aussi bugne.
Mais, avant tout, le gas joyeux ! Il y répugne ?
Bah ! Je lui trouverai des mots encourageants.
N'est-ce pas mon métier, moi, d'égayer les gens,
Moi, boute-en-train que pour se distraire on invite ?
C'est bien le moins, vingt dieux, que mon gas en profite !
Sans compter qu'à me voir le rire sur les dents
Il n'aura pas soupçon que je pleure au dedans.

SCÈNE XVIII

LES MÊMES, TOINET

(Le chemineau s'est monté peu à peu pendant la scène précédente et continue dans un mouvement de plus en plus exalté, avec une volubilité et une action d'une gaieté fiévreuse et par moments sanglotante.)

LE CHEMINEAU, courant ouvrir la remise.

Ohé! Toinet! Ohé, du gas! Allume, allume!
Tu dors mieux sur le sol qu'un autre sur la plume.
Oh! Oh!

TOINET, sortant, ébahi.

Quel est cet homme?

LE CHEMINEAU

Un qui vient de là-bas,
D'ailleurs, d'où viennent ceux que l'on ne connaît pas.

TOINETTE, vivement, à Toinet.

Un vieil ami, Toinet, oui, d'avant ta naissance.

LE CHEMINEAU

Donc, sans se connaître, en pays de connaissance!
Embrassons-nous!

TOINETTE, à Toinet.

Tu peux l'embrasser.

(Le chemineau l'embrasse dans une longue étreinte.)

LE CHEMINEAU

Core un peu,
Veux-tu?

(Il l'embrasse de nouveau, de la même façon.)
(Se reculant pour l'admirer.)

Mâtin! Pour un beau fieu, c'est un beau fieu!

(A Toinet, de plus en plus ébahi.)

Ne me regarde pas de cet air nicodème.
Va, tu l'épouseras, ton Aline. Elle t'aime,
Je le sais, oui; mais toi, ce que tu ne sais pas,
C'est que son père est un que, moi, je mets au pas.
Ah! bigre! Quand je parle, il n'en mène pas large.

(Voyant Toinet rire.)

Ça te fait rire. Bon! Si tu ris, je m'en charge.
Mais il faut rire. Il faut avoir les yeux fleuris.
Aline me l'a dit : tu lui plais quand tu ris.

(La face de Toinet s'épanouit en un gros rire heureux.)

A la bonne heure, donc!

(Voyant que Toinet veut parler.)

Hein? Comment je me nomme?
Chemineau! Oui, pas plus! Un passant! Un bonhomme
Qui mène tout, la joie et la peine, en chantant,
Et qui, si tu le suis,

(Il le prend par-dessous le bras.)

t'en fera faire autant.

(Il l'entraîne en gambillant et chantant parmi des larmes, suivi de Toinette extasiée.)

Chantez mitaine
Et répondez miton.
A la fontaine
On y boira, fiston,
Un coup d'pictaine,
Et ti, ton, taine,
Un coup d'pictaine,
Un coup d'picton.

(Rideau.)

ACTE QUATRIÈME

Dans le verger de maître Pierre.
A gauche, au premier plan, épais buissons de lilas.
A droite, au premier plan, arbres fruitiers.
Au fond, un mur s'en allant en biais et garni d'espaliers, au-dessus duquel on aperçoit le clocher du village.
En scène, près des arbres de droite, un banc de pierre ; et à gauche, près des lilas, une chaise rustique.

SCÈNE PREMIÈRE

MAITRE PIERRE, MARTIN

MARTIN, debout.

Non, maître Pierre, non. Cinq cents francs. Je m'estime
Ce que je vaux. Je n'en démords pas d'un centime.
Votre premier valet de ferme s'est sauvé
En vous volant....

MAITRE PIERRE, assis sur la chaise.

Attends qu'on me l'ait retrouvé ;
Il paîra cher.....

MARTIN

Oui ; mais, en attendant, l'ouvrage
Ne va plus chez vous. Seul, dans tout votre entourage,
En ce moment de l'an où les gas sont placés,
Seul je fais votre affaire, et ça se voit assez...
Rien qu'à votre désir de m'engager si vite.

MAITRE PIERRE

Tu profites de mon embarras.

MARTIN

J'en profite,
Soit! Vous faut un premier valet; vous êtes sans;
Aucun, excepté moi, n'est libre; c'est cinq cents!

MAITRE PIERRE

Tu m'écorches.

MARTIN

Vous en avez écorché d'autres.
Ah! dame! on a des fois la nielle en ses épeautres.
Chacun son tour! C'est au vôtre, cette fois-ci.
Vous avez toujours eu trop de bonheur, aussi!

MAITRE PIERRE

Ah! parlons-en! Surtout ces temps derniers! Ma fille
Malade; ce brigand de valet qui me pille;
Trois bœufs qui sont couchés depuis avant-hier;
Oui, trois; c'est du bonheur, hein? Du propre! Du fier!

MARTIN

Mademoiselle Aline est malade?

MAITRE PIERRE

Oui.

MARTIN

J'espère
Que ce n'est pas grand'chose. Une enfant si prospère,
Si belle! Je l'ai vue encor, tenez, voilà
Cinq semaines, la mine.... Et sait-on ce qu'elle a?

MAITRE PIERRE

Non.

MARTIN

Bah! le médecin n'en a pas connaissance?

MAITRE PIERRE

Un âne!

MARTIN

Il dit quoi, lui?

MAITRE PIERRE

Rien. Que c'est la croissance.

MARTIN

Ah

MAITRE PIERRE

Mais tout ça, Martin, ne te regarde point.

MARTIN

Non. c'est vrai. Revenons alors à notre point.
Cinq cents francs, hein?

MAITRE PIERRE

Je dis quatre.

MARTIN

Et moi je répète
Cinq, et j'y perds mon nom si j'en rogne tripette.

MAITRE PIERRE, indigné.

Cinq cents francs!

MARTIN

Et vos bœufs, qu'est-ce qu'ils ont, ceux-là?

MAITRE PIERRE

On ne sait pas non plus.

MARTIN, avec un clin d'œil moqueur.

C'est peut-être aussi la...
Croissance.

MAITRE PIERRE

Tu m'as l'air d'y connaître grand'chose!

MARTIN

Ni plus ni moins que vous. On en cause; j'en cause.
Ah! si vous n'étiez pas en froid avec... certain,
Il a chez lui quelqu'un, cré mâtin de mâtin,
Qui contre tous les maux vous a de ces recettes,
De ces secrets... Mais quoi! Rien à faire. Vous êtes
A contre-poil avec ces gens-là. Chut! Assez!
N'empêche que François, depuis trois jours passés,
Grâce à ce gaillard-là, sans cor ravoir sa tête,
Reprend le goût du pain et du poil de la bête.

MAITRE PIERRE

De quel homme veux-tu parler?

MARTIN

D'un pas museux,
Dame! et qui leur a tout remis d'aplomb chez eux,
Jusqu'au gas! Vous savez, il ne court plus l'auberge.

MAITRE PIERRE

Je sais.

MARTIN

Guéri! Par l'autre! Ils lui doivent un cierge,
Et fameux! Ah! si vous aviez ce docteur-là,

Votre fille et vos bœufs guériraient. Mais, voilà,
Ce n'est pas votre ami, c'est le leur... Quoique, en somme,
Il fut le vôtre aussi, jadis. Un joyeux homme,
Rappelez-vous! Le bec toujours plein de chansons!
Un chemineau, qui fit avec nous vos moissons!

MAITRE PIERRE

Lui? Tu l'as reconnu? C'est lui?

MARTIN

Je vous écoute.
Pas difficile! Il n'a pas changé d'une goutte.
Le même boute-en-train et bon drille qu'avant!
Mais, dame, cor ben plus subtil et plus savant!
L'acier fin, plus ça s'use et mieux ça se raiguise.

MAITRE PIERRE, *décidé.*

Martin, me rendrais-tu service?

MARTIN

A votre guise.

MAITRE PIERRE

Eh bien! dis-lui, mais sans qu'on s'en doute là-bas,
De venir me parler.

MARTIN

Bon. Chez vous?

MAITRE PIERRE

Pourquoi pas?

MARTIN

Quand?

MAITRE PIERRE

Tout de suite.

MARTIN, inquiet.

Et... nos affaires?

MAITRE PIERRE

Nos affaires!
Nous conclurons demain. Ce soir, si tu préfères.
Oui, ce soir; bref, après que je l'aurai vu, lui.

MARTIN

Soit! Mais vous m'entendez: demain comme aujourd'hui,
C'est cinq cents francs.

MAITRE PIERRE

Bien, bien.

MARTIN

Sans un liard à rabattre!

MAITRE PIERRE, le congédiant du geste.

Au revoir!

MARTIN, en s'en allant.

Au revoir!

(Revenant un peu.)

Cinq!

(Reparaissant une dernière fois après s'être en allé encore.)

Cinq!

SCÈNE II

MAITRE PIERRE, seul, se promenant avec la chaise en main, de façon à revenir la poser près du banc de pierre.

Ni cinq, ni quatre,
Ni rien, ni fichtre, sale engeance de voleur!
A cinq cents francs, j'aurai leur chemineau... Le leur!

Le mien aussi, je pense, à moi son ancien maître.
Bah ! Question de prix ! Il s'agit de l'y mettre.
Je l'y mettrai. Six cents ! Sept cents même ! A son gré !
Ce qu'il demandera ! Mais je le leur prendrai.
Je sais lâcher l'argent, moi, quand c'est nécessaire.
C'est qu'ils allaient, sans lui, tout droit à la misère !
Ils y retourneront. Je m'en moque, des frais !
Puis, je n'y perdrai rien. Ça vaut cher, les secrets
D'un tel homme. Gageons qu'il guérit mon Aline !
Et mes bœufs, donc ! Ah ! ah ! Toinette la maline,
Qui tout exprès sans doute ici le rappela !
Eh bien ! c'est moi qui vais en profiter, voilà !

SCÈNE III

MAITRE PIERRE, ALINE

ALINE, arrivant par la gauche, rêveuse.

Mon père ! Ah ! pardon ! (Elle passe vite, comme se sauvant.)

MAITRE PIERRE, courant la retenir.

Eh ! t'ensauve pas si vite !
J'ai donc l'air bien méchant, que ma fille m'évite ?

ALINE, l'air boudeur et plein de reproches.

Oui, vous avez vos yeux mauvais en ce moment.

MAITRE PIERRE

Pas pour toi.

ALINE, même jeu.

Pas pour moi ? Je n'en sais rien.

MAITRE PIERRE

Vraiment !
Tiens, c'est toi qui me fais ta mine rechignée.

ALINE, s'asseyant sur le banc, avec lassitude.

Possible ! Quand on est malade et mal soignée.

MAITRE PIERRE

Si l'on peut dire ! Mal soignée !

ALINE, avec une colère contenue.

Oui, je le dis.

MAITRE PIERRE

Comment te bien soigner, voyons ? Tu te raidis,
Tu te butes, à tous mes soins pour te distraire.

ALINE

Me distraire ! Je n'y tiens pas, dame ! Au contraire.

MAITRE PIERRE

Tu te plais à souffrir, alors ?

ALINE

Apparemment.

MAITRE PIERRE

Pour que ton pauvre père en prenne du tourment,
N'est-ce pas ?

ALINE

Si mon mal vous causait tant de bile,
A m'en débarrasser vous seriez plus habile.

MAITRE PIERRE

Ton mal ! Mais quel est-il, diantre ? On n'est pas devin !
Le médecin lui-même ! Il t'interroge en vain.
Tu ne réponds pas.

ALINE

Non.

MAITRE PIERRE

Pour qu'on y remédie,
Il faut nous dire, à lui du moins, ta maladie.

ALINE, agacée et avec douleur.

Je ne sais pas. Je suis malade.

MAITRE PIERRE

Mais enfin,
Pourquoi ne presque plus manger ?

ALINE

Je n'ai pas faim.

MAITRE PIERRE

Pourquoi, toi si joyeuse autrefois, si ravie,
Ne plus rire jamais ?

ALINE

Je n'en ai pas envie.

MAITRE PIERRE

Tu souffres d'où ? Comment ?

ALINE, accentuant de plus en plus sa mine douloureuse.

Je souffre, voilà tout.
Je n'ai plus goût à rien. Mes forces sont à bout.

Je sens au fond du cœur, là, comme une blessure.
Ah ! je n'irai pas loin maintenant, j'en suis sûre.

MAITRE PIERRE

Qu'est-ce que tu dis là ? Ça n'a pas de raison.

ALINE, *même jeu.*

Si ! Comme une blessure et, dedans, du poison.
Je le sens bien, peut-être. Encore tout à l'heure !
Et je n'ai de répit un peu que quand je pleure.

MAITRE PIERRE

Ton mal, c'est justement de nourrir ton chagrin.
Laisse-moi te soigner à mon idée, un brin.
Tiens ! Nous irons demain, en ville, faire emplette
D'un joli meuble.

ALINE

Non.

MAITRE PIERRE

D'une riche toilette.
Ah !

ALINE

Non plus.

MAITRE PIERRE

De l'objet que tu voudras.

ALINE

Merci !
Nul ne me plaît.

MAITRE PIERRE

Tu vois, j'ai beau t'offrir ceci
Ou cela, toutes mes douceurs, tu les repousses.

ALINE

C'est que vous m'en offrez qui ne me sont pas douces.

MAITRE PIERRE

J'y perds la tête !

ALINE

Hélas ! à me soigner ainsi,
Ce que vous y perdrez, c'est votre fille aussi.
Ma mort...

MAITRE PIERRE

Je te défends de parler de la sorte !

ALINE, se montant peu à peu, et en sanglotant.

Si, si, je parlerai. Je voudrais l'être, morte !
Oui, morte ! Et ce sera bientôt ! Et sans regrets !
Et je le dis tout net, et je le dis exprès,
Si la mort ne me fait pas peur, si je l'espère,
Si je l'appelle, c'est votre faute, mon père.

(Elle se sauve en pleurant.)

SCÈNE IV

MAITRE PIERRE, seul.

(En courant après elle.)

Aline ! Aline ! (S'arrêtant.)
Ah ! ouette ! Est-ce qu'elle m'entend ?

(Revenant.)

Elle va s'enfermer chez elle en sanglotant,
Et passer la journée encore toute pleine
Dans le jeûne et les pleurs comme une Madeleine !
Mais qu'est-ce que j'ai fait au bon Dieu, voyons, quoi,
Pour que tout maintenant tourne ainsi contre moi ?

Elle, vouloir mourir ! Ce sont des mots, sans doute.
N'empêche ! Elle ne va pas bien, dame ! Elle est toute
Changée. Elle maigrit. Elle est comme un fuseau.
Ah ! mais ! Ah ! mais ! C'est qu'il ne faut pas, nom d'un zo !
Attention ! Je n'ai qu'elle. Pauvre chérie,
Va, je donnerais gros pour te savoir guérie !

SCÈNE V

MAITRE PIERRE, LE CHEMINEAU

LE CHEMINEAU, surgissant brusquement du buisson de lilas.

Combien ?

MAITRE PIERRE

Toi !

LE CHEMINEAU

Moi. Tu m'as fait dire par Martin
De venir chez toi, tout de suite, en clandestin.
Me voilà, tout de suite, et sans qu'on me soupçonne
D'être venu. Ni vu ni flairé par personne !
Pas même toi !

MAITRE PIERRE

Tu nous écoutais ?

LE CHEMINEAU

Non et si.
J'ai toujours une oreille au vent, et l'autre aussi.

MAITRE PIERRE

Ma fille, alors, tu l'as aperçue ?

LE CHEMINEAU

Au passage,
Mais assez pour juger qu'elle a triste visage
Et que la pauvre enfant file un mauvais coton.

MAITRE PIERRE

Vrai

LE CHEMINEAU

Vrai.

MAITRE PIERRE

C'est dangereux?

LE CHEMINEAU

Très dangereux, dit-on.

MAITRE PIERRE

Qui dit ça?

LE CHEMINEAU

Ceux qui s'y connaissent.

MAITRE PIERRE

Toi?

LE CHEMINEAU

Je pense.

MAITRE PIERRE

Écoute, chemineau. Quand il faut, je dépense.
Or je t'ai fait venir justement pour t'avoir
A mon service, avec... (tiens, l'ami, tu vas voir
Si je suis rond) avec six cents francs à l'année.

(Sur un mouvement de fuite du chemineau.)

Non, pas six ! Sept!... Eh bien? L'affaire terminée,

Cent pistoles de plus sont pour toi, tu comprends...
Cent pistoles, deux cents écus, là, mille francs,
Oui, mille francs, je crois que la somme est gentille
Mille francs tout en or, si tu guéris ma fille !

LE CHEMINEAU

Ah ! ah ! diable !

MAITRE PIERRE

Peux-tu la guérir ?

LE CHEMINEAU

Oui, je peux.
J'ai des secrets pour gens comme j'en ai pour bœufs.

MAITRE PIERRE

Pour gens, en es-tu sûr, fin sûr ?

LE CHEMINEAU

Fais-en l'épreuve.

MAITRE PIERRE

J'aimerais mieux avoir une preuve.

LE CHEMINEAU

Une preuve ?
Va voir le vieux François, s'il est cor sur le flanc.
Quant aux bestiaux.....

MAITRE PIERRE

Oh ! ça, c'est vrai. Mon grand taur blanc
Et mes brebis, j'en ai toujours gardé mémoire.

LE CHEMINEAU

Ah!

MAITRE PIERRE, méfiant.

Mais qu'est-ce que c'est, tes secrets?... Du grimoire?...
Des tours... de sorcier?

LE CHEMINEAU

Bah! Tours de sorcier ou non,
Après? Pense à l'effet sans t'occuper du nom.

MAITRE PIERRE, hésitant.

C'est que je voudrais bien savoir si, de rencontre,
Ayant des secrets pour, tu n'en n'aurais pas contre.

LE CHEMINEAU

C'est-à-dire.....?

MAITRE PIERRE, hésitant de plus en plus.

Entends-moi. Je parle en curieux,
Pas plus.

LE CHEMINEAU

Bon, bon, va.

MAITRE PIERRE, même jeu.

Bref, ces mots mystérieux,
En existe-t-il pour... qu'au lieu de bien on fasse
Du mal aux gens?

LE CHEMINEAU, l'œil en dessous.

Eh! pile est à l'envers de face.

MAITRE PIERRE

C'est-à-dire...?

LE CHEMINEAU, même jeu.

Dame oui, dame non ! Chut ! Un point !

(En se traçant un petit signe de croix sur les lèvres.)

C'est des choses, quand on les sait, qu'on ne dit point.

MAITRE PIERRE

A personne ?

LE CHEMINEAU, avec un geste vague, puis d'un ton brusque.

Oh !... Tu tiens donc bien à les connaître ?

MAITRE PIERRE

Oui.

LE CHEMINEAU

Pourquoi ? T'en servir contre certains ?

MAITRE PIERRE

Peut-être.

LE CHEMINEAU

Ah !

MAITRE PIERRE

Tiens, soyons francs. Tant pis si j'y suis pris !
Tu vois en moi quelqu'un qui les paîrait leur prix.

LE CHEMINEAU

Pour sûr ?

MAITRE PIERRE

Pour sûr.

LE CHEMINEAU

C'est cher.

MAITRE PIERRE

J'en fais le sacrifice.

LE CHEMINEAU

Eh bien ! ce qu'il me faut pour mettre à ton service
Mes secrets...

MAITRE PIERRE

Tous, de bon et de mauvais matois.

LE CHEMINEAU

Tous, oui. C'est... Mais tu vas crier comme un putois.

MAITRE PIERRE

Non, non, dis ! Ne crains rien ! Si la somme est trop grosse,
On peut débattre.

LE CHEMINEAU

Tu croiras que je me gausse.

MAITRE PIERRE

Du tout !

LE CHEMINEAU

Eh bien ! ce qu'il me faut... Point de fracas !
Tiens-toi tranquille ! C'est... ta fille pour mon gas.

MAITRE PIERRE, *sursautant.*

Hein ! Quoi ?

LE CHEMINEAU

Tu vois ! Le sang qui te pète aux oreilles!
Là, j'en étais sûr.

MAITRE PIERRE

Dame ! A des bourdes pareilles!

LE CHEMINEAU

Comment! des bourdes?

MAITRE PIERRE

Pouh! tu n'es pas sérieux.

LE CHEMINEAU, presque menaçant, s'avançant vers lui.

Crois-tu? Regarde donc au fin fond de mes yeux,
Si j'ai l'air de quelqu'un qui dit des fariboles.

MAITRE PIERRE, reculant, tremblant.

Mais... mais...

LE CHEMINEAU

Ne tremble pas ainsi sur tes guibolles,
Que diable! On ne veut pas te faire peur. Causons,
Sans nous fâcher, chacun expliquant ses raisons.
(Il le pousse sur le banc de pierre.)
Tiens, assieds-toi. (Il s'assied lui-même sur la chaise.)
Voici les miennes. Le jeune homme
Est brave, honnête, bon travailleur. Il se nomme
Toinet, fils de François et de Toinette. Il plaît
A ta fille.

MAITRE PIERRE, à voix sourde.

Un bâtard!

LE CHEMINEAU

On ignore qu'il l'est.
Seuls, Toinette et nous deux connaissons le mystère.
Toinette et moi, motus! Toi, tu n'as qu'à te taire,
(Avec un geste de menace froide.)
Et tu le feras, hein! Tiens-toi pour averti.
Maintenant, discutons mon gas comme parti.

Il n'a pas grand bien, soit! Ta fille a davantage,
Semble-t-il.

MAITRE PIERRE

Semble-t-il?

LE CHEMINEAU

Certe. Et mon héritage!

MAITRE PIERRE, haussant les épaules et souriant.

Oh!

LE CHEMINEAU

Sais-tu ce que j'ai, ce que je donnerais
En dot à mon gas!

MAITRE PIERRE

Quoi?

LE CHEMINEAU

Bédame! Et mes secrets!
Les mauvais et les bons! Tout ça, pour quoi tu m'offres,
Toi, l'avaricieux, de dégraisser tes coffres!
Mes secrets à mater les bêtes et les gens!
Et mes chansons d'ouvrage aux airs encourageants,
Mes chansons qui font faire aux trimeurs doubles tâches
Et mieux qu'un coup de vin donnent du cœur aux lâches!
Tout ça ne compte pas, peut-être? Mais, bons sangs!
Tu m'en offrirais pour des mille sur des cents,
Et même en or bénit par le Saint-Père à Rome,
Que je ne voudrais pas troquer!... Va donc, pauvre homme!

MAITRE PIERRE, orgueilleux.

Moi, pauvre homme! Ah! j'en ai, de la terre au soleil!
Et du bétail! Personne ici n'a le pareil.

Douze chevaux, sept cents moutons,deux cents aumailles!
Mais, rien qu'avec le grain jeté pour mes semailles,
Sais-tu qu'on nourrirait des familles?

LE CHEMINEAU, mimant tout ce qu'il dit et avec un air mystérieux.

Bon! bon!
Vienne du mauvais temps, le piétin, le charbon!
La chance tourne! L'autre est l'opposé de l'une.
Sans parler des rôdeurs qui vont au clair de lune,
Marchant à reculons, se signant à rebours,
Pour jeter, eux aussi, leur grain dans les labours.
Quel grain?.. On ne sait pas... Des mots!... Les mots, ça germe.

MAITRE PIERRE

Que veux-tu dire?

LE CHEMINEAU

Oh! rien! Je songe qu'une ferme
Dépend de ci, de ça. Combien que j'ai connus,
Des fermiers, des richards, sont des couche-tout-nus!
De plus richards que toi, dame! Une maladie,
Le feu, la grêle! Bref, à présent, ça mendie.
(Il se met à chantonner à mi-voix, en regardant fixement maître Pierre.)

MAITRE PIERRE

Tu me regardes bien d'une façon méchante?

LE CHEMINEAU

Moi, non. Je me rappelle un vieil air. Je le chante.

MAITRE PIERRE

Quel air?

LE CHEMINEAU

Oh! ce n'est pas l'air le plus curieux.
C'est les paroles !... Tiens, tu les comprendras mieux
Sans la musique. Écoute un peu. Ça vaut la peine.
Et, puisqu'on te les dit, profite de l'aubaine.

(D'une voix volubile, litanique et incantatoire.)

Berbis
N'ont plus d' pis.
Pourçaux
N'ont qu' les os.
La meule
Est en feu.
Pourquoi ces ouaill's-là?
Pourquoi ces porcs-là?
Pourquoi qu'il brûla?
Le j'teu d' sorts a passé par là.

Les fruits
Sont pourris.
Les bœufs
Sont morveux.
Les blés
Sont grêlés.
Pourquoi ces fruits-là?
Pourquoi ces bœufs-là?
Pourquoi qu'il grêla?
Le j'teu d'sorts a passé par là.

(Il imite le hulotement lointain de la chouette, puis immobilise son visage en un large rire silencieux.)

MAITRE PIERRE, effrayé.

Chemineau, ne crois point que je sois une bête.
Je comprends, va.

LE CHEMINEAU

Quoi donc? Mais, je te le répète,
Ce n'est qu'une chanson comme j'en connais tant.

MAITRE PIERRE

Tu ris tout bas.

LE CHEMINEAU

Veux-tu que je pleure en chantant?
Moi, j'ai toujours le rire au bec, c'est ma nature.

MAITRE PIERRE

Ouais! Même en vous tirant la mauvaise aventure?

LE CHEMINEAU, d'une voix plus lente que pour la précédente formulette et en rythmant bien les paroles.

C'est au bois des ferlampiers
Qu'on la tire,
Qu'on la tire,
C'est au bois des ferlampiers
Qu'on la tire par les pieds.

(En montrant un tableau imaginaire, que maître Pierre contemple les yeux écarquillés et la bouche béante.)

C'est aux pieds des trois pendus,
Sous la lune,
Sous la lune,
C'est aux pieds des trois pendus
Que les arrêts sont rendus.

(Après avoir passé de la droite à la gauche de maître Pierre, et en s'accroupissant un peu, de façon à lui marmonner le dernier couplet de bas en haut.)

C'est aux nuits des vendredis,
Dredis treize,
Dredis treize,
C'est aux nuits des vendredis
Que les mots qu'on dit sont dits.

(Il imite le râle du crapaud, et de nouveau immobilise son visage en un large rire silencieux.)

MAITRE PIERRE, tout à fait terrifié.

Qu'est-ce que c'est encor, cette chanson?

LE CHEMINEAU

Une autre.
Je chante ça comme un curé sa patenôtre,
Et toujours en riant, sans y penser, tu vois.

MAITRE PIERRE, *balbutiant.*

Mais ça n'a pas de sens?

LE CHEMINEAU, *d'un air grave et profond.*

Oh! quand même... des fois

(*Il se remet à rire silencieusement.*)

SCÈNE VI

LES MÊMES, MARTIN

MARTIN, *arrivant effaré par la gauche.*

Maître Pierre, excusez de forcer votre porte
Avant l'heure! C'est des nouvelles que j'apporte.
Pas bonnes!

MAITRE PIERRE

Non?

MARTIN

Si fait.

MAITRE PIERRE

Et de qui?

MARTIN

De vos bœufs.
Sur les trois mal portants il vient d'en crever deux.

Je l'apprends du bouvier. J'accourais à l'étable
Pour lui dire...

MAITRE PIERRE

Quoi donc ?

MARTIN

Le plus épouvantable :
C'est qu'en m'en retournant chez nous par votre pré
J'en ai vu quatre sur le dos, l'œil chaviré,
Les jambes raides.

MAITRE PIERRE, les bras au ciel.

Ah ! misère de misère !

MARTIN

Le bouvier est parti faire le nécessaire.
Si vous avez besoin de moi...?

MAITRE PIERRE

Oui, oui, merci.
Va, rejoins le bouvier. Je le rejoins aussi
Tout à l'heure.

(Sort Martin en courant.)

SCÈNE VII

MAITRE PIERRE, LE CHEMINEAU

LE CHEMINEAU

Comment ! tu restes, toi, le maître?
Pourquoi n'y cours-tu pas d'abord? Pourquoi remettre

MAITRE PIERRE, suppliant.

Parce que, chemineau, parce que j'ai compris
Que toi seul peux sauver, toi seul....

LE CHEMINEAU

Tu sais mon prix.

MAITRE PIERRE, même jeu.

Voyons, bon chemineau, sois raisonnable. Écoute!
Je les aime, mes bœufs, certes. Quoi qu'il en coûte
Pour les guérir, j'en fais mon deuil, sans marchander.
Mais la main de ma fille! Ah! c'est trop demander.
Tout ce que tu voudras, tout, mais pas ça!

LE CHEMINEAU, faisant mine de s'en aller.

Bernique!
Va voir crever tes bœufs.

MAITRE PIERRE, le retenant.

Pourtant, ma fille unique!...

LE CHEMINEAU

On ne le dirait pas! Tu la sais en danger,
Elle aussi, qui ne veut ni dormir ni manger;
Et je peux la guérir, et je m'offre à le faire,
Et tu refuses! Va, reste orgueilleux; préfère
Ce triste orgueil à tout, même à sa guérison.
Mais prends garde! Une fois entré dans la maison,
Le malheur n'en sort plus qu'avec la panse pleine.
Un goinfre! Après tes bœufs, il mangera la laine
De tes brebis, tes blés en meules, ton grenier,
Ton argent, oui, tes beaux écus, jusqu'au dernier.
On en voit tôt la fin, quand la pile s'écroule.
Un s'en va! L'autre suit! Core un! C'est rond. Ça roule.
L'argent vous fuit des doigts comme du vif argent.
Les mains vides! Plus rien! On est un indigent.

MAITRE PIERRE, *affolé.*

Oh! non, non, chemineau, non, dis! Pas si tu m'aides!
Le mauvais sort, tu peux le chasser. Tes remèdes,
Tes secrets, ton savoir, j'y crois. Il me les faut.
Ah! nous sommes perdus, si tu me fais défaut.
Ne laisse pas entrer le malheur par ma porte!
J'ai peur pour mon enfant. Tout le reste, qu'importe!
Sauve mes biens : je t'en donnerai la moitié.
Mais elle, elle! Ah! j'ai peur. Ne sois pas sans pitié!

LE CHEMINEAU

Ne l'as-tu pas été pour la pauvre Toinette?
Pour François? Pour le gas? Hein? Allons, sois honnête,
Avoue.

MAITRE PIERRE, *vaincu et humble.*

Oui, je l'avoue.

LE CHEMINEAU

Et qu'en te refusant
Tout secours, je serais dans mon droit à présent!

MAITRE PIERRE, *même jeu.*

Sans doute.

LE CHEMINEAU

Et que mon gas, bâtard ou légitime,
Est un gas brave, bon, digne de ton estime!

MAITRE PIERRE, *même jeu.*

J'en conviens.

LE CHEMINEAU

Tu le lui diras?

MAITRE PIERRE, même jeu.

C'est mon devoir.

LE CHEMINEAU, s'égayant de plus en plus.

A la bonne heure! Alors, arrive, et tu vas voir
Que je vaux mieux que toi, moi le gueux sans chevance.
Car je n'exige plus d'être payé d'avance.
Comme à la foire, tu ne paîras qu'en sortant,
Quand je t'aurai rendu ton bétail bien portant,
Ayant (toujours le rire au bec, c'est ma nature)
A tes bœufs comme à toi dit la bonne aventure.

(Rideau.)

ACTE CINQUIÈME

Même décor qu'à l'acte deuxième.
Dans le grand fauteuil, faisant face maintenant à l'âtre où rôtit une oie, François est assis, vu de trois quarts, presque en profil perdu.
A la gauche de son fauteuil, une chaise basse.
La gauche de la pièce est occupée par la table garnie de dix couverts, sans les chaises, sauf deux, une à gauche, une à droite ; la table est déjà servie à peu près.
L'horloge haute marque onze heures et quelques minutes.

SCÈNE PREMIÈRE

TOINETTE, ALINE, FRANÇOIS

(Au lever du rideau, Toinette et Aline achèvent de garnir la table.)

ALINE, venant de poser une assiette de fruits
et se dirigeant vers l'âtre au coin duquel elle va s'asseoir.

Là ! Maintenant je veille au rôti.

TOINETTE

Bien, ma bru.
Ah ! voilà quatre mois, je ne l'aurais pas cru
Que vous deviendriez si tôt ma chère fille
Et qu'on ferait ainsi la Noël en famille,
Chez nous, et maître Pierre à table avec François.
(Allant vers François.)
Mon pauvre homme ! J'y tiens, dame, à ce que tu sois
De la fête. (A Aline.)
Il a beau ne plus penser grand'chose,
Ça le réveille tout de même quand on cause.

(A François, en lui tapotant sur l'épaule.)

N'est-ce pas, vieux?

FRANÇOIS, d'une voix inarticulée.

Hon! hon!

ALINE, debout, de l'autre côté du fauteuil.

Ce serait un péché
De le laisser tout seul, dans sa chambre, couché,
Un soir pareil.

TOINETTE

Aussi, c'est justice à lui rendre,
Votre père a bon cœur d'avoir su le comprendre
Et d'avoir accepté le réveillon chez nous,

(A François, même jeu que plus haut.)

Chez toi.

ALINE, penchée vers François.

Regardez donc, maman. Sur ses genoux
Ses doigts tremblent.

TOINETTE

C'est qu'il a soif... ou qu'il écoute.

(A Aline, lui désignant un pot qui est dans les cendres.)

Donnez-moi le toupin. Oui, ça!

(Aline le lui passe.)

(Toinette approche le toupin des lèvres de François.)

Rien qu'une goutte!
Bois!

(Elle lui fait boire une gorgée.)

Bien.

(Elle repasse le toupin à Aline qui le replace dans les cendres.)

(A François.)

Veux-tu dormir? Attends. Ton oreiller

Est trop bas.

(Elle le lui remonte un peu, et elle lui pose la tête de façon qu'on ne le voie plus du tout de la salle.)

Comme ça! Là!

(Elle fait signe à Aline de revenir avec elle vers le milieu de la chambre. Toutes deux y vont à pas silencieux.)

ALINE

Qui va le veiller
Pendant que nous serons à la messe? Personne?

TOINETTE

Si, si, le chemineau.

(L'horloge sonne le quart après onze heures.)

ALINE

Voilà le quart qui sonne!
Il n'est pas rentré.

TOINETTE

Bah! Il prend l'air. Oh! pas loin!
Il est toujours là, lui, quand on en a besoin.

SCÈNE II

LES MÊMES, TOINET

TOINET, arrivant par la porte de gauche et portant sur les deux mains une grande galette et deux flans.

Voici, sortant du four, les flans et la galette.

TOINETTE

Merci, mon fieu. La table est à présent complète.

TOINET

Et le père?

ALINE, retournant vers le fauteuil de François.

Il sommeille un peu.

TOINETTE

Tout doucement.

TOINET

Tant mieux! Il sera plus gaillard au bon moment.
Même sans en manger, ça va le mettre en joie
De voir tout ça, si beau, si riche.

ALINE, reprenant sa place au coin de l'âtre.

Et surtout l'oie!
Est-elle grosse et grasse, hein! votre oie aux marrons!

TOINET

Sûr. Pour réveillonner, nous réveillonnerons.

ALINE

On peut le dire. Oh! oui! De façon plantureuse!
Plutôt trop.

TOINETTE

Rien n'est trop pour Noël.

TOINET

Non. Ça creuse,
La messe de minuit! Quand nous en reviendrons,
Elle ne fera pas vieux os, l'oie aux marrons.

ALINE, désignant du geste le carré de porc qui occupe le milieu de la table.

Ni le carré de porc.

TOINETTE, prenant dans l'armoire un petit pot qu'elle pose sur la table.

Ni ce pot de rillettes.

TOINET

Juste le temps de mettre au feu les andouillettes
Et le boudin.

(Il s'assied à la gauche, près de la table, et s'y occupe d'abord à battre la badrée dans un seau, puis à peler des pommes.)

SCÈNE III

LES MÊMES, LE CHEMINEAU

(La porte s'est entr'ouverte pendant que Toinet disait sa dernière phrase, et l'on a entendu quelqu'un qui tapait du pied dehors avant d'entrer.)

LE CHEMINEAU, passant sa tête.

Et pour couronner le repas,
Chacun son quarteron de crêpes, n'est-ce pas?

(Il continue à garder son corps au dehors en tapant des pieds.)

TOINETTE

Tu l'as dit, chemineau. J'ai deux seaux de badrée.

LE CHEMINEAU, entrant tout à fait.

Ne la mets pas dehors. Elle serait poudrée,
Comme moi.

(Il secoue sa barbe et ses cheveux, d'où tombe une poudre de neige.)

Car il neige.

(Au dehors, par la porte ouverte, on voit la neige floconner en tourbillons.)

ALINE

Ah! tant pis!

LE CHEMINEAU

Quoi! tant pis!
C'est beau, la neige. Tous les bruits sont assoupis.
On a l'air de marcher à même un lit de plume.
Et comme on est joyeux quand, dans ce blanc, s'allume
Le point rouge annonçant qu'on arrive sous peu
Au seuil de braves gens chez qui flambe un bon feu!

(Il est venu se chauffer les mains au feu de l'âtre.)

TOINET

Ah! chemineau, les gens ne sont pas toujours braves.

LE CHEMINEAU

Mais si, presque toujours, va! Les mangeux de raves,
Surtout! Les pauvres! Tous charitables!

ALINE

Vraiment?

LE CHEMINEAU

Oui donc. Sans ça, petite, où serait l'agrément
De vivre en chemineau roulant partout sa bosse?

ALINE

C'est un agrément?

LE CHEMINEAU, s'attristant peu à peu et quittant l'âtre.

Certe! Et depuis votre noce,
Voilà quatre grands mois, cent vingt jours révolus,
Que cet agrément-là, je ne le connais plus.

ALINE

Pour la première fois qu'on va fêter ensemble
La Noël, vous avez l'humeur triste.

TOINET

Il me semble.

LE CHEMINEAU

Pas bien gaie.

TOINETTE

Et pourquoi, je vous demande un peu?

LE CHEMINEAU

J'ai rencontré par là, quêtant la part à Dieu,
De pauvres goussepains qui chantaient hors d'haleine.
(En chantant.)
Lugnots! lugnots! la part à Dieu! (Parlant.)
La cantilène
Que je chantais moi-même à leur âge!

ALINE

J'entends.
Ça vous a rappelé sans doute...

LE CHEMINEAU

Mon bon temps.

ALINE

Comment, votre bon temps!

LE CHEMINEAU

Oui, mon temps de misère
Je n'y pense jamais sans que mon cœur se serre.

ALINE

Ah! oui! D'avoir pâti!

LE CHEMINEAU

Non! De ne plus pâtir.

TOINET

Tu plaisantes?

LE CHEMINEAU

Du tout.

TOINET

Sans mentir?

LE CHEMINEAU

Sans mentir.

TOINETTE

Bah! Il se plaint que la mariée est trop belle!
(Elle va dans le coin près de l'horloge prendre des souliers, dépendre une veste.)

LE CHEMINEAU, près de la table.

Peut-être bien tous les bonheurs en ribambelle,
C'est beaucoup. Et beaucoup sur beaucoup, ça fait trop.
A force de sucrer, le vin tourne en sirop.

TOINETTE, lui tendant la veste et les souliers.

Change donc de souliers, d'habits. Tu sens le mucre,
Le froid, la neige.

LE CHEMINEAU

Là, tu vois! Toujours du sucre!
Toujours à me soigner, dorloter! Mais, bon Dieu!
Quand je trimais au diable au vert, sans feu, ni lieu,
Est-ce que j'en avais, des choses de rechange?
(Il rejette les souliers et la veste à Toinette qui les reporte dans le coin.)
C'est comme pour manger, tiens! Ici, ce qu'on mange!
Trois fois par jour! Et tout son soûl!

TOINETTE

Mais, dame!

LE CHEMINEAU

Enfin,
Tu m'avoûras qu'on n'a pas le temps d'avoir faim.

ALINE

Comment! C'est de ne plus jeûner qui vous ennuie!

LE CHEMINEAU

Quand il ne pleut jamais, on regrette la pluie.

TOINETTE

Tu la regretteras au sec, ici, ce soir.
Assied-toi près du feu.

(Le poussant vers une chaise qui est près du fauteuil.)

LE CHEMINEAU, résistant.

J'en suis las, de m'asseoir!
Je n'en ai plus tantôt de fond à ma culotte.
Puis, c'est bête, devant le feu, moi, j'y grelotte.
Comme François!

(En le regardant.)

Cor, lui, ça dort, le pauvre vieux!
Moi, j'y rumine.

ALINE

Et vous pensez quoi?

LE CHEMINEAU, revenant peu à peu vers le milieu de la pièce.

Que le mieux
Est l'ennemi du bien, et que chacun doit suivre
Sa nature, et que vivre en prison n'est pas vivre.

Et que pour moi... (tant pis, je dis tout!) la prison
C'est de ne plus aller là-bas, vers l'horizon,
Sur la grand'route.

TOINET

Mais, caboche sans cervelle,
Tu la connais par cœur.

LE CHEMINEAU

Elle est toujours nouvelle!

(Venant s'asseoir près de la table, derrière laquelle Toinette est debout, tandis que Toinet est toujours assis à l'autre bout, pelant les pommes.)

Ah! vous ne savez pas, vous autres, ce que c'est.
Ne point passer demain où ce soir on passait!
Piquer droit devant soi, seul, libre, à l'aventure!...

TOINET, l'interrompant avec un haussement d'épaule.

Sans gîte la plupart du temps, et sans pâture!

LE CHEMINEAU, s'exaltant peu à peu.

Mais le gîte est d'autant plus doux qu'on n'en a pas,
Et plus âpre est la faim, meilleur est le repas.
C'est sous le vent qui cingle ou le soleil qui tape
Qu'il faut avoir marché pour bien goûter l'étape;
Et celui-là connaît le réconfort divin
D'une assiette de soupe et d'un verre de vin,
Qui depuis le matin jusqu'à la nuit chemine
A traîner après lui la soif et la famine.

ALINE, stupéfaite et croisant les mains.

Mais vous n'y pensez pas!

LE CHEMINEAU, même jeu que plus haut, se levant, et marchant à grands pas de long en large pendant qu'il parle.

Je ne pense qu'à ça.
Ah! ma grand'route! Aller où le vent vous poussa,

Son bâton à la main, son bissac à l'épaule!
Rien dedans, souvent, soit! (A Aline plus spécialement.)
Ce n'est pas toujours drôle,
Admettons! Et qu'on souffre!... On souffre sans témoins.
(A Toinet, cette fois.)
D'ailleurs, si le bissac est vide, il pèse moins.
On n'en cherche que mieux ce qu'on pourrait y mettre.
Et puis, c'est quelque chose, aussi, d'être son maître.
Je viens quand je le veux. Je pars quand ça me plaît.
Je ne suis pas forcé, si je chante un couplet.
(Revenant s'asseoir près de la table, et s'adressant derechef à Toinet.)
Je prétends...

TOINET, avec un gros rire à la fin.

Allons! bon! Voilà qu'il s'hurlubie!
Et je parle! Et je parle! Une fois sa lubie
En branle, gare là-dessous! ça va marcher.
Il irait tout un jour sans boire ni cracher.

TOINETTE, grave, et toujours debout derrière la table.

Oh! ne ris pas, mon bon Toinet, de sa folie;
Car sa dure existence en fut tout embellie.
Moi-même, qui veux l'en guérir, je la comprends.
Ses rêves ne sont pas les tiens, mais ils sont grands.
Tu dois les respecter, mon gas, quoi qu'il t'en semble.
Aujourd'hui, certe, avec ses amis, tous ensemble,
C'est raisonnable, et c'est mon vœu, qu'il reste ici.
Mais eut-il tort jadis, seul, jeune, sans souci,
Étant aventureux, d'aller à l'aventure?
C'est l'oiseau voyageur qui suivait sa nature.
Ces errants, nos bonheurs sont trop calmes pour eux.
Ils en ont d'autres, qui les rendent plus heureux.

LE CHEMINEAU, comme en s'excusant.

Mais...

TOINETTE

Je ne t'en veux pas, va, d'y penser encore.
Toinet en dit du mal parce qu'il les ignore.
Mais moi, tu m'en as tant parlé ! Je les connais.
Quand nous sommes avec François, près des chenêts,
Tous les trois, c'est toujours de cela que tu causes.

TOINET, *brusque.*

Eh bien ! il a tort.

ALINE, *sur un geste de Toinette qui veut faire taire Toinet.*

Si ! si ! Toinet dit les choses
Comme elles sont.

TOINET

Bien sûr ! Il peut jouir en paix
De notre affection.

ALINE

Oh ! oui.

TOINET

De nos respects.

ALINE

Parfaitement.

TOINET

Et c'est au temps de sa folie
Qu'il songe ! Et tu veux... !

TOINETTE

Non ! Tais-toi, je t'en supplie.

TOINET

Pourquoi? Moi, quand j'ai là quelque chose, ça sort.
(Au chemineau qui écoute en souriant cette juvénile morigénade.)
Et donc, ce n'est pas vrai que je trouve un beau sort
L'existence de gueux, d'errant, qui fut la tienne.
Ne rien avoir à soi, personne à qui l'on tienne,
Vivre d'occasion, parfois de charité,
N'être pas même sûr de mourir abrité,
N'avoir pas quelque part un coin qui vous attire,
Un logis, un pays!

TOINETTE, que le ton de son fils agace visiblement, interpellant le chemineau à la gauche de qui elle a passé.

Et tu le laisses dire,
Alors, toi! C'est donc lui qui te fait la leçon?

LE CHEMINEAU, avec indulgence.

Dame! chacun entend la vie à sa façon.

TOINETTE, se montant peu à peu.

Mais faut-il qu'un blanc-bec prêche ta barbe grise,
Et toi, qui fus si bon pour nous, qu'on te méprise?

TOINET, se défendant d'un ton très sincère.

Moi, le mépriser, oh!

ALINE, même jeu

Moi non plus, voyons!

TOINETTE, encore plus montée.

Si!

LE CHEMINEAU, conciliant.

Mais non, Toinette!

TOINETTE, même jeu que plus haut.

Oh ! j'y vois clair. C'est comme si.
Et j'en ai du chagrin pour eux, et de la honte.

(S'exaltant de plus en plus à mesure qu'elle parle.)

Mais dis-leur donc, tu sais, quand ta tête se monte,
Tout ce que tu m'en dis, à moi, de tes beaux jours
Vécus sur la grand'route et que tu vis toujours !
Dis-leur donc que le gueux, mendiant une croûte,
A contempler les champs qui bordent la grand'route
En fait son patrimoine en s'en réjouissant ;
Dis-leur que des pays, ce gueux, il en a cent,
Mille, tandis que nous, on n'en a qu'un, le nôtre ;
Dis-leur que son pays, c'est ici, là, l'un, l'autre,
Partout où chaque jour il arrive en voisin ;
C'est celui de la pomme et celui du raisin ;
C'est la haute montagne et c'est la plaine basse ;
Tous ceux dont il apprend les airs quand il y passe ;
Dis-leur que son pays, c'est le pays entier,
Le grand pays, dont la grand'route est le sentier ;
Et dis-leur que ce gueux est riche, le vrai riche,
Possédant ce qui n'est à personne : la friche
Déserte, les étangs endormis, les halliers
Où lui parlent tout bas des esprits familiers,
La lande au sol de miel, la ravine sauvage,
Et les chansons du vent dans les joncs du rivage,
Et le soleil, et l'ombre, et les fleurs, et les eaux,
Et toutes les forêts avec tous leurs oiseaux !

LE CHEMINEAU, qui l'a écoutée dans une extase attendrie.

Tais-toi ! Tu me ferais pleurer, tiens ! Suis-je bête !

TOINETTE, revenue à elle, et très simple.

C'est toi qui m'as dit tout cela ; je le répète.

TOINET, avec une expression d'étonnement et de reproche.

Plutôt trop bien, tu sais, et d'un tel cœur, ma foi,
Que tu sembles l'avoir senti toi-même.

TOINETTE, gênée et confuse.

Moi !
Oh ! non, voyons !.. C'était.. seulement.. pour t'apprendre...

TOINET

Qu'il n'est pas assez fou, donc, et qu'il faut le rendre
Cor plus fou, n'est-ce pas, à lui donner raison ?
Beau moyen, vrai, pour qu'il se plaise à la maison,
De prôner sa grand'route ainsi ! Moi, sa grand'route,
(En se levant et passant devant le chemineau toujours assis.)
J'en parle mal exprès, afin qu'il s'en dégoûte.

LE CHEMINEAU, énergiquement.

Oh ! ça, jamais !

TOINET, doucement.

Soit, vieux ! C'est bien ! Regrette-la !
Mais près de nous, du moins, surtout par ce temps-là !
(Plus tendre encore.)
Tu ne veux pourtant pas nous quitter, hein ! j'espère ?
Tu n'en as pas le droit, d'abord ! Le pauvre père
A besoin de tes soins. C'est toi qui le soutiens.
(Faisant signe à Aline de venir se joindre à lui.)
Et puis, quoi ? Tous, ici, sommes-nous pas les tiens ?
Presque ta famille !

ALINE, très câline et gentiment.

Oh ! presque !... Tout à fait, même !
Nous vous aimons tant ! Moi, quand j'aime, il faut qu'on m'aime,
Et vous devez rester, si vous m'aimez un brin.

TOINET, d'un air insinuant et glorieux.

Et sans compter que nous comptons, comme parrain,
Vers la fin de mai...

ALINE, le tirant par le bras.

Fi ! Toinet, veux-tu te taire?

TOINETTE

Pourquoi se tairait-il ? Pourquoi faire un mystère ?...

ALINE, entraînant Toinet à droite pour le gronder.

C'est des choses qu'on dit sans...

TOINET, de loin et joyeusement.

Bref, c'est dit, voilà !

(Au chemineau.)

Et tu restes, hein?

(Aline l'entraîne tout au fond, près de l'horloge, et le querelle à voix basse.)

TOINETTE

Sûr. Toujours bien jusque-là !

(Au chemineau.)

Pas vrai, chemineau ? (Sur un geste du chemineau.)
Bon! je l'admets, ta marotte !
D'accord ! Aller, venir, seul, libre, ça te trotte
Toujours par la tête. Oui!... Quoique, à ton âge!... Enfin !
Si ça t'amuse encor d'avoir soif, d'avoir faim,
De coucher en plein air et d'y trouver tes aises,
Nous en reparlerons, soit ! Mais... au temps des fraises,
N'est-ce pas, quand le ciel sera doux et chantant,
Et qu'il sera venu, le petit qu'on attend !

(Presque à l'oreille.)

Si ça t'ennuie, alors, dame, d'être grand-père... !

LE CHEMINEAU, avec le geste de se boucher les oreilles.

Ah!..... Tiens, laisse-moi!

TOINETTE

Quoi?

LE CHEMINEAU, allant s'asseoir en face de François.

Dormir! Faire la paire
Avec François, deux vieux assis, deux vieux dos ronds,
A nous bercer l'un l'autre au bruit de nos ronrons.

(Il s'installe, comme pour dormir. On fait silence.)
(On entend au dehors, très lointain, le refrain des lugnots : *s'il vous plaît, la part à Dieu.*

ALINE

C'est la voix des lugnots, lugnots.

TOINET

Tu crois?

ALINE

Écoute.

LES LUGNOTS, à la cantonade, et d'une voix très lointaine.

Lugnots! Lugnots! la part à Dieu!
Les petiots vous la demandent.
Vous qu'avez trop, donnez un peu
A ceux qui n'ont ni pain ni flambe.
S'il vous plaît, la part à Dieu!

LE CHEMINEAU, à part.

Où seront-ils demain? Là-bas! Sur la grand'route.

SCÈNE IV

Les Mêmes, THOMAS, MARTIN, CATHERINE

THOMAS, cognant à la porte violemment.

Ohé, les autres !
(Il ouvre la porte et entre, une lanterne à la main.)

ALINE

Quoi ! C'est déjà les amis ?

CATHERINE, paraissant dans la porte à son tour.

Vous n'êtes donc pas prêts ?

THOMAS

Ils s'étaient endormis
Probablement.

MARTIN, passant sa tête seulement.

Pas sur le rôti, hein ?

TOINET, qui a pris des manteaux pendus près de l'horloge.

Aline,
Nous sommes en retard, ma foi. (Il lui tend sa capeline.)
Ta capeline !
Dépêche.

TOINETTE

Vous entrez un instant ?

THOMAS, sortant, et suivi par Martin.

Non, harné !

CATHERINE

Ho! ho! le second coup de messe a sonné.
Nous n'avons que le temps, da. Faut pas qu'on lanterne.
Arrivez.

(Elle sort aussi, suivant Martin et Thomas.)

SCÈNE V

LES MÊMES, MOINS THOMAS, CATHERINE ET MARTIN

ALINE

Ho! maman!

TOINETTE,

J'allume la lanterne.

(Elle disparait un moment par la porte de gauche.)

TOINET, à sa mère.

As-tu tes mitons?

TOINETTE, revenant avec la lanterne allumée.

Oui. Ta femme!

ALINE

Elle a les siens.

(Envoyant un salut au chemineau et à François.)

Au revoir, vous!

(Elle sort.)

TOINET

A tout à l'heure, les anciens!

LE CHEMINEAU

A tout à l'heure, les enfants!

(Sort Toinet.)

ALINE, à la cantonade.

Maman!

TOINETTE

Oui.

ALINE, même jeu.

Vite!
On s'en va.

TOINETTE, à la porte.

Je vous suis.

(Au chemineau, en s'arrêtant comme avant de sortir.)

Toi, sois sage, hein! Évite
De ruminer...

LE CHEMINEAU, avec une impatience bourrue et tendre.

Eh! oui. Ne reste donc pas tant!
Ils t'attendent. Tu les fais geler en restant.

(Il la laisse au seuil et revient près de la table.)

TOINETTE, venant à lui, après avoir posé sa lanterne au seuil.

Tu vois bien comme tu les aimes!

LE CHEMINEAU, même sentiment que plus haut.

Mais sans doute!

TOINETTE

Et tu les quitterais, méchant, pour ta grand'route!
Oh! non, ce n'est pas vrai. Tu ne le pourrais pas.
Finis, les nuits sans gîte et les jours sans repas
Où moi-même j'étais de trop comme compagne!
Ta tête en y songeant bat toujours la campagne;

Mais ton cœur désormais n'est plus à l'unisson.
Il est à nous, ton cœur ; il est au cher garçon,
A sa femme, à François, le plus digne des hommes,
A Toinette, à tous ces braves gens que nous sommes,
A ce foyer enfin où chacun te bénit,
Vieil oiseau voyageur dont nous serons le nid!
Au revoir, chemineau ! Ne dis rien, je t'en prie!
Dans tes yeux troubles monte une larme attendrie.
Oh ! ne la retiens pas ! Autrefois, en partant,
Tu m'en as fait verser d'amères, tant et tant!
Mais par la tienne, avec les peines en allées,
Mes larmes d'autrefois sont toutes consolées.
Ne dis rien ! Laisse-la doucement t'émouvoir.
Tu ne partiras plus, j'en suis sûre. Au revoir!

(Elle le baise sur les cheveux et se sauve en courant.)

SCÈNE VI

LE CHEMINEAU, FRANÇOIS

LE CHEMINEAU

Elle a raison, c'est vrai, je la sens sur ma joue,
Cette larme... Et puis, quoi! C'est bête, je l'avoue;
Mais qu'y faire? Eh bien ! oui, je les aime, vingt dieux!
La petite, le gas, elle, et même le vieux!
Et la maison aussi, pour y planter ma tente!
Et tout! C'est comme ça!

(Il marche de long en large, puis s'arrête devant l'horloge.)

Trois quarts d'heure d'attente!
Ma foi, si j'essayais de dormir avec lui!

(Il s'installe en face de François. Un temps d'immobilité et de silence. Il se tourne et se retourne sur sa chaise.)

Pas moyen ! Ouette ! J'ai du salpêtre aujourd'hui

Dans les jambes. Le sang me travaille, fourmille.

(Il se lève brusquement.)

Mais non, je ne suis pas fait pour vivre en famille,
Pour m'accagnarder là, pour m'y laisser choyer !

(Après un silence, il va se rasseoir à la gauche, près de la table.)

Et cependant, j'y prends racine, à ce foyer.
Pas à dire ! Ils sont si gentils ! Le cœur si brave,
Si tendre !... Et me voilà les deux pieds à l'entrave,
Vieux cheval en retraite et qui ne courra plus !

(Il réfléchit.)

Parrain !... Grand-père !... On est cloué... Dame, conclus !

SCÈNE VII

LES MÊMES, MAITRE PIERRE

(On frappe deux coups à la porte.)

LE CHEMINEAU

Entrez.

MAITRE PIERRE, entrant.

Ils sont partis ?

LE CHEMINEAU

A l'instant, maître Pierre.

MAITRE PIERRE

Et toi, tu restes, hein ! Voir si pour ta soupière
Le pain trempe aussi bien qu'il trempa pour Toine t.

LE CHEMINEAU

Que veux-tu dire ?

MAITRE PIERRE

Bon ! Ne prends pas l'air benêt.
Ça te va mal.

LE CHEMINEAU

Enfin !

MAITRE PIERRE

Oh ! soit dit sans reproche !
Je ne te blâme pas. J'y mettrai de ma poche,
Tu sais, même. Tu m'as sauvé d'un grand fléau.
Tu m'as guéri mes bœufs, et gratis *pro Deo*.
Je te revaudrai ça, va, selon ton mérite.
Tant pis si d'un peu moins la jeunesse en hérite !
Mais je te veux doter d'un vrai cadeau de roi
Quand tu te marieras avec Toinette.

LE CHEMINEAU

Moi !
Comment ! Me marier ! Avec...

MAITRE PIERRE

Avec Toinette,
Parbleu ! La chose est bien naturelle, et bien nette.
(Bas à l'oreille.)
François n'ira pas loin, dame. Il est au plus bas.
Alors...! Mais, cor un coup, on ne t'en blâme pas.
Au contraire ! Ni moi, ni personne.

LE CHEMINEAU

Personne !
On en parle donc ?

MAITRE PIERRE

Oui.

LE CHEMINEAU

Qui?

MAITRE PIERRE

Tous.

LE CHEMINEAU

On me soupçonne...?

MAITRE PIERRE

De quoi? Mais puisque nul n'y voit rien de mauvais!

(L'horloge sonne les trois quarts avant minuit.)

Moins le quart! Diable! Il faut me sauver. Je m'en vais.

LE CHEMINEAU, voulant le retenir.

Mais...

MAITRE PIERRE

Nous en redirons deux mots, tout bas, à table,
Dans demi-heure. Adieu !

(Il sort vite en refermant la porte.)

SCÈNE VIII

LE CHEMINEAU, FRANÇOIS

LE CHEMINEAU

Mais c'est épouvantable !
Voilà donc ce qu'ils croient, lui, tous!... A la maison
Aussi, peut-être ! Et tous ils me donnent raison !
Tous ils trouvent ça bien, eux! Ce serait immonde,
Allons! Je ne veux pas. Pour une fois au monde
Que j'ai pu faire un peu de bien, on n'y verrait
Qu'un ignoble calcul cherchant mon intérêt !

Ce n'est pas vrai ! Voyons, je fais un mauvais rêve.

(Avec dégoût.)

Pouah ! Rien que d'y penser, j'en ai le cœur qui lève
Et dans la bouche comme une odeur de Judas.

(Sa main s'est posée sur un des morceaux de pain de la table. Il en pétrit la mie machinalement, puis s'essuie la main avec terreur.)

Manger de ce pain-là, moi ! Non, je ne veux pas.

(Dans un mouvement d'horreur presque hallucinée.)

Non ! Jamais ! Non ! Pas ça ! Pas ça !...

FRANÇOIS, d'une voix longue.

Chemineau !

LE CHEMINEAU, effrayé d'abord, puis revenant à lui comme d'un rêve.

Qu'est-ce ?

C'est toi, François ?

FRANÇOIS

Oui donc.

LE CHEMINEAU

Ah ! je vois, le feu baisse.
Tu n'as plus assez chaud, sans doute. Attends un peu !
Je vais quérir du bois.....

FRANÇOIS

Non, non ! Reste. Le feu
Est suffisant. J'ai chaud. Je me sens à mon aise.
Tourne-moi vers toi.

(Le chemineau obéit.)

Bien. C'est ça. Prends une chaise.
Assieds-toi. Bien. Ecoute.

(Avec un soupir, après avoir pris une longue haleine.)

Hon !... Depuis quelque temps
Je me rends compte, sans en avoir l'air. J'entends.

Je comprends.

(A un geste du chemineau qui veut l'interrompre.)

Laisse, laisse, avant que je me lasse.
N'interromps pas !... Approche !... Encor ! Ma voix est basse,
Hein ? C'est que je n'ai plus long à vivre. Or voici
Ce que je dois te dire.

(A mots entrecoupés.)

En premier lieu, merci !...
Je sais ce que tu fis pour le petit... et comme
Tu m'as soigné... C'est bien, vois-tu, c'est d'un brave homme...
J'en suis un aussi, moi !... C'est pourquoi, chemineau,
Je veux, quand je serai parti, que...

(En essayant de soulever sa main gauche.)

Mon anneau...

(Le chemineau regarde l'anneau avec effarement.)

Tu le prennes, oui, pour... épouser... Ah ! ma tête
Se brouille. Je suis las, las... Ma langue... s'arrête...
Je ne peux plus...

(Il laisse choir sa tête.)

LE CHEMINEAU, la lui relevant.

Tais-toi ! Ne dis plus rien, mon vieux !
Repose-toi.

(Il lui arrange l'oreiller sous la tête.)

Ta tête est bien, comme ça ?

FRANÇOIS

Mieux.

LE CHEMINEAU

Dors, dors !

FRANÇOIS

Ne t'en va pas.

LE CHEMINEAU, s'agenouillant près de lui.

Non. Je suis là. Regarde.
C'est moi, ton chemineau, ton ami, qui te garde.

(Il lui tient la main.)

SCÈNE IX

Les Mêmes, LES LUGNOTS

LES LUGNOTS

(Chantant devant la fenêtre, à travers laquelle on les aperçoit vaguement dans la neige.)

Lugnots! Lugnots! La part à Dieu!
Les petiots vous la demandent.
Vous qu'avez trop, donnez un peu
A ceux qui n'ont ni pain ni flambe.
S'il vous plaît, la part à Dieu!

Lugnots! Lugnots! La part à Dieu!
N'nous la fait's pas trop attende.
A rester là les pieds dans l'iau,
Le froid des pieds vous monte aux jambes.
S'il vous plaît, la part à Dieu!

(Pendant le second couplet, le chemineau s'est levé, s'est approché de la table, y a coupé un morceau de porc, l'a mis dans un quignon de pain, puis est allé ouvrir la porte, devant laquelle sont trois petits lugnots, dans la neige.)

LE CHEMINEAU, tendant aux lugnots son offrande.

Tenez, petits.

UN LUGNOT

Merci! Que Dieu vous en guerdonne!

LE CHEMINEAU, montrant François.

Ce n'est pas moi, c'est lui, là-bas, qui vous le donne.
Un pauvre vieux, malade.

LE LUGNOT, *s'avançant et regardant.*

Ah ! dans le grand fauteuil.

LE CHEMINEAU

Oui. Chantez cor un peu pour lui.
(En les faisant approcher.)
Là, sur le seuil,
Sous l'auvent. On a moins de neige à la frimousse.
Ne chantez pas trop fort ! Votre voix la plus douce !

LES LUGNOTS, *en sourdine.*

Lugnots ! Lugnots ! La part à Dieu !
Dieu saura ben vous la rende,
Quand nous ferons la guillanneu
Auprès de lui trétous ensembe.
S'il vous plaît, la part à Dieu !

LE CHEMINEAU

(Il tire quelques sous de sa poche et les donne au lugnot qui a parlé.)

Tenez, prenez cor ça, pour boire un coup. La somme
N'est pas bien grosse. Mais, mon brave petit homme,
C'est tout ce que j'ai, dame ! Et bon Noël !

LE LUGNOT

Merci !
Dieu vous entende ! Et bon Noël à vous aussi !
(Ils s'en vont dans la neige et le chemineau referme la porte.)

SCÈNE X

LE CHEMINEAU, FRANÇOIS

LE CHEMINEAU, revenant vers François.

Ah ! bon Noël à toi surtout, qui vas t'éteindre !
Et tu l'auras, ton bon Noël ! Car c'est d'atteindre
La fin de tes longs jours vécus en travaillant,
Et de l'atteindre ainsi, brave homme au cœur vaillant !

(Il s'approche de François, l'examine et lui touche légèrement la main.)

Sa respiration est calme. Point de fièvre !
Ils reviendront à temps pour cueillir sur sa lèvre
Et son dernier baiser et son dernier soupir.
Il ne semblera pas mourir, mais s'assoupir
Doucement, dans les bras des êtres chers qu'il aime.
C'est la fin qu'il mérite et le paîment suprême
D'avoir usé sa vie à soutenir la leur.

(Il réfléchit.)

L'ai-je gagné, moi ?... Non... Je serais un voleur
De mourir ainsi !... Moi, je suis un grenipille,
Un vagabond, un hors-la-loi, hors-la-famille,
Un qui, dans ses haillons de gueux pour tout linceul,
Saura partir ainsi qu'il partit toujours, seul,
Sans parents, sans amis, sans rien, sans qu'il redoute
De mourir comme il a vécu, sur la grand'route.

(On entend la cloche sonnant la fin de la messe.)

Voici la cloche !

(Il va à la fenêtre, l'ouvre toute grande et regarde au dehors.)

On sort de l'église.

(Revenant vers François.)

Adieu, vieux !

(Il le baise au front, et se recule en faisant un vague signe de croix.)

Tes aimés vont venir pour te fermer les yeux.

(En pleurant.)

(Avec des sanglots.)

Je les aime aussi, moi !... Mon gas !... Pauvre Toinette !...
Fuir sans leur dire adieu !

(Avec un sanglot plus profond encore.)

Ho !...

(Se ressaisissant et comme terrifié.)

Mais, si je m'arrête,
Si je les revois, je... je ne partirai pas !

(D'un ton résolu.)

Je dois partir.

(Très douloureusement.)

Adieu, Toinette !... Adieu, mon gas !...

(Avec exaltation.)

Ah ! qu'à leur souvenir tout mon cœur s'illumine !

(Avec une énergie farouche, en prenant son bâton.)

Et toi, suis ton destin !

(Les bras levés dans un grand geste lyrique.)

Va, chemineau, chemine !

(Il sort lentement, dans la neige qui tourbillonne, pendant que l'on entend la cloche sonner joyeusement et les lugnots chanter au lointain leur cantilène.)

FIN

4951. — L.-Imprimeries réunies, rue Mignon, 2, Paris.

EUGÈNE FASQUELLE, ÉDITEUR, 11, RUE DE GRENELLE, PARIS

ŒUVRES DE JEAN RICHEPIN

DANS LA BIBLIOTHÈQUE-CHARPENTIER A 3 FR. 50 LE VOLUME

POÉSIE

La Chanson des Gueux . . . . 1 vol.
Les Caresses . . . . 1 vol.
Les Blasphèmes . . . . 1 vol.
La Mer . . . . 1 vol.
Mes Paradis . . . . 1 vol.

ROMANS

La Glu . . . . 1 vol.
Madame André . . . . 1 vol.
Les Morts bizarres . . . . 1 vol.
Miarka, la fille à l'Ourse . . . . 1 vol.
Le Pavé . . . . 1 vol.
Braves Gens . . . . 1 vol.
Césarine . . . . 1 vol.
Le Cadet . . . . 1 vol.
Truandailles . . . . 1 vol.
Cauchemars . . . . 1 vol.
La Miseloque, choses et gens de théâtre . . . . 1 vol.
L'Aimé . . . . 1 vol.
Les Grandes Amoureuses . . . . 1 vol.
Flamboche . . . . 1 vol.

THÉATRE

Théâtre chimérique . . . . 1 vol.

COLLECTION GRAND IN-8° CAVALIER A 4 FRANCS LE VOLUME

La Glu, drame en 5 actes et 6 tableaux . . . . 1 vol.
Nana-Sahib, drame en vers en 7 tableaux . . . . 1 vol.
Monsieur Scapin, comédie en vers en 3 actes . . . . . 1 vol.
Le Flibustier, comédie en vers en 3 actes . . . . 1 vol.
Par le Glaive, drame en vers en 5 actes et 8 tableaux . . 1 vol.
Vers la Joie, conte bleu en vers en 5 actes . . . . 1 vol.

Le Mage, opéra en 5 actes et 6 tabl. Musique de Massenet.
Édition in-12 . . . . 1 fr. »

4951. — L.-Imprimeries réunies, rue Mignon, 2, Paris